Peter Beck

# Aquarienpflanzen
## Grundkurs

Kosmos

Unterschiedlichen Blattformen und -farben ermöglichen vielerlei Gestaltungen.

Aquarienpflanzen gliedern den Lebensraum der Fische und sorgen für eine gute Wasserqualität.

# Inhalt

Offene Aquarien verbessern das Raumklima.

*Faszinierende Aquarien*

# Der Urwald hinter Glas

*In der grünen Unterwasserlandschaft tummeln sich bunte Fische und zeigen ihre prächtigen Farben und hochinteressantes Verhalten.*

Ein Bild sagt mehr als tausend Worte. Nach diesem Motto sollen die abgebildeten Aquarien auch Ihnen Mut machen, es den vielen glücklichen Aquarianern nachzutun, die sich nicht nur an ihren Fischen, sondern auch, oder vor allem, an ihrem prächtigen Pflanzenwuchs täglich aufs Neue erfreuen. Wasser-, Sumpf- und einige Schwimmpflanzen spielen, nachdem man

**Urwald hinter Glas – ein sogenanntes optimales oder holländisches Aquarium**

**Über Wasser blühende Wasserpest**

**Erst mit Pflanzen fühlen sich die Fische ganz wohl.**

**Oben $CO_2$-Dauertest**

im Verlauf von Jahrzehnten ihren unschätzbaren Wert mehr und mehr erkannt hat, in der Aquaristik eine dominierende Rolle: Nicht nur ihres dekorativen Wertes wegen, sondern vor allem wegen ihres großen Nutzens für das gesamte Aquarienmilieu. Dieses Hobby bietet Einblicke in die Hydrobotanik und Pflanzenvermehrung und stellt eine erfüllte und sinnvolle Freizeitgestaltung dar. So wird das Hobby „Aquaristik“ bei uns von etwa drei Millionen Aquarianern betrieben. Auch deshalb, weil dieses Steckenpferd dank ausgefeilter Technik, preisgünstiger Aquarien und Zubehör noch bezahlbar ist.

Hinzu kommt, dass Aquarien mit Fischen und Pflanzen beruhigend und entspannend, aber auch anregend wirken und dadurch in mehrerlei Hinsicht eine deutliche therapeutische Wirkung auf den Betrachter ausüben. Fest steht zudem, dass wunderschöne Aquarien mit lebendigem Grün heute als dekoratives Bild zur gepflegten Wohnkultur gehören.

## PLATZ IST ÜBERALL

Egal, ob klein oder groß: Für ein Aquarium eignet sich nahezu jeder Standort, der fern von direkter Sonneneinstrahlung liegt. Direkte Sonne von vorne oder

Große Wasserpflanzenauswahl im Zoofachgeschäft

von der Seite fördert eine übermäßige Algenbildung und kann auch das Wasser aufheizen. Also nicht am Fenster, auf oder direkt neben einer Heizung platzieren! Dunkel darf der Platz gern sein. An einem solchen Platz erstrahlen Fische und Pflanzen im warmen Licht unserer technischen Sonne in all ihrer Schönheit.
Kleinere Becken stehen gut auf einem Schreibtisch, einer fest verankerten Konsole oder in einem stabilen Wandregal. Wer gleich eine sogenannte Kombination aus Becken und Unterschrank wählt, braucht sich um die Stabilität keine Sorgen zu machen. Ganz fantastisch wirken gut gestaltete Pflanzenbecken auch als Raumteiler oder unübersehbarer Blickfang in einem Wartezimmer oder Büro. Ausgefallene Formen wie Dreieck- oder Mehreckbecken tragen mit passendem Ambiente ebenfalls dazu bei.
Das Becken wählt man so groß wie möglich, vorteilhaft ist eines mit großer Tiefe (es lässt sich besser gestalten). Große Becken wirken attraktiver, lassen sich leichter pflegen und sind vor allem biologisch stabiler zu halten.

**TIPP:** Das Becken muss auf einer stabilen Unterlage ruhen und waagrecht stehen. Wenn nötig, den Schrank etc. ausgleichen, nie das Aquarium einseitig unterlegen.

Bei Becken ab ca. 150 Liter Wasserinhalt sollte man die Belastbarkeit des Fußbodens prüfen. Die entsprechenden Daten erfährt man beim Vermieter oder beim Architekten. Das Gewicht beträgt pro Liter Wasser 1 kg. Dazu wird noch das Gewicht des Beckens und des Unterschranks gerechnet. Bodengrund und Dekoration wiegen nur geringfügig mehr als das Wasser.
Ein Aquarium kann von keinem Vermieter verboten werden. Es empfiehlt sich jedoch, eine entsprechende Haftpflichtversicherung abzuschließen.

## EIN HARMONISCHER HINTERGRUND

Damit unser grünes Pflanzenbild durch nichts gestört wird, halten wir den „Hintergrund" des Aquariums möglichst ruhig. Ob man eine Foto- oder tiefgezogene Strukturrückwand wählt, bleibt dem eigenen Geschmack überlassen. Aber sie sollte unbedingt ruhig, natürlich und harmonisch wirken. Rückwände für innen müssen immer dicht am Glas anliegen.

**TIPP:** Das Becken zur Sicherheit und Isolierung auf eine Thermoplane oder Styroporplatte stellen.

## VOM WUNSCH ZUR WIRKLICHKEIT

Vor allem Fische brauchen Wasserpflanzen. Gemeint sind hier natürlich nicht nur die spezialisierten Fische, die Pflanzen „zum Fressen gern haben“, sondern die Mehrheit derer, die sich in einem Pflanzenbecken wohler fühlt. Abwechslungsreich bepflanzte Aquarien sind nicht nur ein attraktiver Blickfang, sondern auch ein nachgestellter Naturausschnitt. Vor allem erfüllen lebende Pflanzen (im Gegensatz zu Plastikpflanzen) wichtige, durch keine noch so ausgefeilte Technik ersetzbare Aufgaben.

## NÜTZLICHE AQUARIENPFLANZEN

- wirken stabilisierend auf das Aquarienmilieu,
- produzieren vor allem lebenswichtigen Sauerstoff $O_2$ (Seite 14),
- entgiften das Wasser,
- wirken teilweise sogar antibiotisch,
- verwerten Abfallprodukte wie Fischfutterreste, Kot, abgestorbene Pflanzenteile und bauen dabei schädliche stickstoffhaltige Substanzen ab (einige Arten werden sogar bei der Abwasserklärung verwendet),
- sind Nahrungskonkurrenten der Algen und wirken so algenwuchshemmend,
- durchdringen mit ihren Wurzeln den Bodengrund und halten ihn locker und gesund,
- dienen manchen Fischen als Nahrung, Laichsubstrat, Versteck und Reviergrenze,
- bieten Lebensraum für vielerlei Kleinlebewesen,
- ermöglichen es, naturähnliche Lebensräume zu gestalten,
- lassen sich gut vermehren.

## WOHER DIE PFLANZEN KOMMEN

Ursprünglich stammen alle Pflanzen, die im Aquarium eine wichtige Rolle spielen, aus den Tropen und Subtropen. Aufgesammelt, mitge-

**Holger Windeløv, ein passionierter Wasserpflanzenzüchter, in seinem Element**

**Der Naturstandort von *Cryptocoryne cordata* wird untersucht und dokumentiert.**

bracht und beschrieben wurden sie von Wissenschaftlern und Gärtnern, aber nicht wenige Arten auch von Aquarianern, deren Interesse nicht nur den Fischen galt, sondern auch den grünen Pflanzenschätzen.

## NATURSCHUTZ UND HANDEL

Viele Arten ließen sich sowohl in den Aquarien als auch in Spezialgärtnereien so gut (vegetativ) vermehren, dass kommerzielle Aufsammlungen aus der Natur nahezu überflüssig wurden. Das Sortiment im Fachhandel ist so stetig angewachsen und wird in vielen Schaubecken botanischer Gärten und Zoos gezeigt, vor allem aber in guten Zoofachgeschäften in speziellen Wasserpflanzenanlagen angeboten.
Durch die gestiegene Nachfrage werden heutzutage unsere Aquarienpflanzen von Spezialgärtnereien im In- und Ausland nach den neuesten wissenschaftlichen Methoden vermehrt und dadurch nicht nur der Markt völlig abgedeckt, sondern viele bedrohte Arten vor dem Aussterben bewahrt.
So hat z.B. die Gewebevermehrung (Meristemvermehrung) den Vorteil, dass schon mit wenigen Pflanzen die Arten erhalten werden können. Ich kenne Pflanzenstandorte in den Tropen (Foto Seite 49), die trockengefallen sind oder zu Müllkippen wurden, deren Wasser stark verunreinigt wurde oder wo das Gewässer unwiderruflich unter Beton und Asphalt verschwunden ist.

## WASSERPFLANZEN, DIE KEINE SIND

Aus Unkenntnis werden oft völlig ungeeignete tropische Landpflanzen, die bestenfalls für Terrarien oder Paludarien geeignet sind, wegen ihres hübschen Aussehens als Unterwasserpflanzen gekauft. Sie wie einen Blumenstrauss zu sehen, der schließlich verwelken wird, ist ein Trugschluss. Im Aquarium schaden sie nur, denn sie assimilieren nicht, kümmern und sterben schnell ab – mit schlimmen Folgen für das Wassermilieu.
Sauerstoffmangel und verstärkter Algenwuchs sowie Wassertrübungen und übler Geruch sind die Folgen faulender Zimmerpflanzen. Außerdem können Giftstoffe freigesetzt werden (z.B. von manchen *Araceen)*. Fantasievolle deutsche Namen wie Unterwasser- oder Feuerpalme, Wasserkaktus, Indonesische Fruchtpflanze, Drachenbaum oder Christbaumpflanze lassen schon ahnen, dass es sich um Landpflanzen handelt.
Etwas länger leben Kalmus (*Acorus*) oder Schlangenbart (*Ophiopogon),* Buntblatt (*Hemigraphis*), *Spathiphyllum wallisii* und das Pfeilblatt (*Syngonium*).

***Althernanthera spec.***

***Diffenbachia seguine***

**Fittonien gibt es rot und grün mit Streifen.**

*Dracaena sanderiana*

Ein Wasserpflanzen-Eldorado vor Ranong in Südthailand

Biologie und Heimat

# Wissenswertes über Aquarienpflanzen

*„Nomen est Omen" gilt auch für unsere Pflanzen. Ebenso spannend ist es, das Wissen um die Pflanzen in der täglichen Praxis umzusetzen.*

## PFLANZENNAMEN

In der wissenschaftlichen Literatur werden Sie vergeblich den Begriff „Aquarienpflanzen" suchen. Ich denke aber, dass dieser Begriff durchaus angewandt werden kann, weil damit Pflanzen gemeint sind, die dank ihrer Anpassungsfähigkeit im Aquarium zufriedenstellend wachsen und fast immer im Handel angeboten werden. Ohne die Aquaristik würden diese Pflanzen

im besten Fall in botanischen Gärten zu bewundern sein oder als Herbarmaterial in botanischen Instituten vorliegen.
Bei den Pflanzenporträts in diesem Buch werden die Arten ausschließlich mit den im Handel und bei Aquarianern bekannten und gebräuchlichen deutschen Namen aufgeführt. Weil nicht auszuschließen ist, dass die eine oder andere Pflanze unter verschiedenen deutschen Namen gehandelt wird, sollten Sie immer den derzeitig wissenschaftlich korrekten lateinischen Namen parat haben. Bei diesem wird immer zuerst die Gattung und dann die Art genannt.
Bei vielen Pflanzen kann man aus dem wissenschaftlichen Artnamen auf bestimmte Merkmale und Eigenschaften schließen. Andere wurden von den Beschreibern nach ihrem Vorkommen, der Herkunft, ihrer Lebensweise, dem Nutzen, vergleichend zu anderen Arten oder auch nach Personen benannt (S. 12).

## NATÜRLICHE LEBENSRÄUME

Relativ wenige unserer gebräuchlichen Aquarienpflanzen leben von Natur aus wie im Aquarium erwünscht, nämlich ständig untergetaucht. Die meisten sind amphibisch wachsende sogenannte Sumpfpflanzen und an ihren ursprünglichen Lebensraum – in Uferbereichen oder auf Sand-

**Oben offen heißt: es gibt eine zweite grüne Ebene mit Blüten.**

bänken – in den Tropen und Subtropen angepasst. Ihre Standorte unterliegen häufigen Wasserstands-, Licht- und Temperaturschwankungen. Mit veränderten Strömungsgeschwindigkeiten oder Regen- (Monsun-) und Trockenzeiten kommen die Pflanzen ebenfalls zurecht. Die Folge: Sie können mehr oder weniger lange unter Wasser (submers) oder – wenn das Gewässer langsam austrocknet – über Wasser (emers) leben, weil sie ihren Habitus (Blätter, Stängel etc.) den vorherrschenden Bedingungen und Wasserveränderungen anpassen können.

**Überwasserblätter sind derber als untergetauchte.**

## PFLANZENNAMEN UND IHRE BEDEUTUNG

| | |
|---|---|
| acicularis | nadelspitzig |
| affinis | verwandt |
| albida | weiß |
| americana | aus Amerika |
| aponogetifolia | aponogetonblättrig |
| aquatica | im Wasser lebend |
| barteri | nach Ch. Barter |
| beckettii | nach Beckett |
| biwaensis | nach dem Biwa-See (Japan) |
| bleheri | nach A. Bleher |
| boivinianus | nach Boivin |
| brasiliensis | aus Brasilien |
| calamistratum | gekräuselt, lockig |
| cardinalis | kardinalsrot |
| caroliniana | aus Karolina (USA) |
| cernuus | nickend |
| ciliata | gewimpert |
| cordifolius | herzblättrig |
| cornuta | gehörnt |
| corymbosa | doldenträubig |
| crispatula | etwas gekräuselt |
| crispus | kraus (Blattrand) |
| demersum | versenkt |
| densa | dicht |
| diandra | mit zwei Staubblättern |
| difformis | zweiförmig |
| dubyana | nach J. E. Duby |
| elatinoides | einer Elatine ähnlich |
| fluitans | schwimmend, flutend |
| gigantea | riesig |
| glabra | kahl |
| gracilis | schlank, grazil |
| graminea | grasartig |
| heudelotii | nach Heudelot |
| japonica | aus Japan |
| laevigatum | glatt |
| leucocephala | weißköpfig |
| longifolia | langblättrig |
| lotus | griech. Pflanzenname der Antike |
| lyrata | leierförmig |
| macranda | mit großen Staubblättern |
| macrophyllus | großblättrig |
| madagascariensis | aus Madagaskar stammend |
| magdalenensis | vom Rio Magdalena |
| martii | nach P. von Martius |
| micranthemoides | einer kleinen Kamille ähnlich |
| monnieri | nach Le Monnier |
| najas | dem Nixenkraut ähnlich |
| nana | zwergig |
| natans | schwimmend |
| parva | klein |
| parviflorus | kleinblütig |
| platyphylla | breitblättrig |
| polysperma | vielsamig |
| pteropus | geflügelt |
| quadricostatus | vielrippig |
| reineckii | nach E.M. Reineck |
| repens | kriechend |
| rigidifolius | steifblättrig |
| rivularis | in Bächen wachsend |
| rotundifolia | rundblättrig |
| senegalensis | aus dem Senegal stammend |
| sessiliflora | mit sitzenden Blüten |
| spilanthoides | einem Spilanthes ähnlich |
| spiralis | spiralig gewunden |
| subulata | pfriemförmig |
| tenellus | sehr zart |
| thaianum | aus Thailand |
| thalictroides | der Wiesenraute ähnlich |
| ulvaceus | dem Meersalat ähnlich |
| undulatus | gewellt |
| usteriana | nach A. Usteri |
| wallichii | nach N. Wallich |
| wendtii | nach Wendt |
| willisii | nach Willis |
| zosterifolia | seegrasblättrig |

**Die Pflanzen sind an wechselnden Wasserstand und die Strömung gut angepasst.**

Interessant ist, dass Über- und Unterwasserblätter häufig völlig unterschiedlich aussehen. Unter Wasser sind Stängel und Blätter zarter, auch heller gefärbt, oft mit größerer Blattmasse (zur Nährstoffaufnahme) und stromlinienförmig oder/und gefiedert den Strömungsverhältnissen angepasst. Über Wasser sind sie deutlich derber, dunkler, bis zum kräftigen Rot (Sonnenschutzfaktor?) und dadurch auf die jeweils völlig anderen Lebensbedingungen (Gasaustausch, $CO_2$) eingerichtet. Alle Wurzeln dienen vor allem als Halt im Substrat, aber auch zur Nährstoffaufnahme (bei emersem Wuchs nahezu alle). In Trockenperioden halten tief reichende Wurzeln und Rhizome die Pflanze am Leben. Knollen, Zwiebeln und Rhizome dienen manchen Arten als Speicherorgan.

Blüten und Samen werden meist emers in der Trockenzeit über dem Wasserspiegel gebildet. Die Keimung findet bei auflaufendem Wasser statt.

Bei der Pflege in offenen Aquarien oder in Paludarien kann man gut beobachten, wie einige Arten gern über den Wasserspiegel hinauswachsen und auch blühen. Aquarienpflanzen lassen sich ökologisch nicht einheitlich zuordnen. Genauso wenig lassen sich natürliche Biotope in unsere Wohnzimmer transferieren.

Die vermehrten Kenntnisse über die Lebensansprüche dieser „Tropenkinder“ lassen aber ihre Pflege im Aquarium immer problemloser werden.

Von den sogenannten Blütenpflanzen, zu denen auch unsere Aquarienpflanzen gehören, pflegen wir zum einen Stängelpflanzen, die meist recht schnellwüchsig

Aquarienpflanzenfarm in Thailand (Korat)

sind. Sie besitzen eine gegliederte Sprossachse und ihr Austrieb erfolgt an der Stängelspitze. Bei den Rosettenpflanzen (grundständige Blattrosette) sitzen die älteren Blätter stets außen und die neuen treiben von innen. Daneben gibt es für Aquarien geeignete Farne, Moose und auch einige Schwimmpflanzen.

## PHOTOSYNTHESE

Sie ist ein kleines Wunder, mess- und sichtbar gemacht. Pflanzen können, mit Licht als Energiequelle, aus Wasser und Kohlendioxid in ihrem grünen Farbstoff (Chlorophyll) Zucker (zum Zellwachstum) und Sauerstoff herstellen. Nur bei genügend Licht können sie assimilieren und Sauerstoff ($O_2$) produzieren, von dem sie nachts wieder etwas zehren. Auch Pflanzen veratmen $O_2$ und geben $CO_2$ ab. Sie setzen aber mehr $O_2$ frei, als sie veratmen, und nehmen mehr $CO_2$ auf, als sie abgeben.

## VERMEHRUNG

Gesunde Aquarienpflanzen lassen sich gut vermehren - z. B. durch vegetative Vermehrung aus Teilen einer Mutterpflanze, wie abgetrennte Ausläufer (Ableger), oder Abnehmen von Adventivpflanzen an Blättern (z. B. beim Sumatrafarn) oder Blütenstängeln (sie sollen Wurzeln und mindestens fünf Blätter bzw. bei *Aponogeton* eine Miniknolle haben).

**TIPP:** Blütenstiele zum Substrat biegen und dort festwurzeln lassen. Dann erst abtrennen.

Weitere Vermehrungsmöglichkeiten:

- Stecklingsvermehrung durch Abtrennen (glatter Schnitt!) und neues Stecken von Seiten- oder Kopftrieben (Spross-Spitzen) bzw. Stängeln mit mindestens 2, besser 3-5 Blattknoten.
- Durch vorsichtiges Abtrennen von Tochterzwiebeln (*Crinum*).
- Große gesunde Rhizome, z.B. von *Anubias*, lassen sich teilen. Nicht zu nahe an der Mutterpflanze und mit glattem Schnitt! Schnittstelle in Aquarienkohle tauchen. Unter starkem Licht Neutriebe und Wurzeln bilden lassen und schräg einpflanzen (Austrieb nach oben) oder aufbinden.

Professionellen, zukunftsorientierten Zuchtbetrieben und Spezialisten bleibt die Stecklingskultur sowie die Vermehrung durch Gewebe- oder Meristemkultur (meist im Reagenzglas) vorbehalten (auch aus Platzgründen); ebenso die generative Vermehrung von Aquarienpflanzen über Samen.
Bei guten Züchtern entstanden und entstehen natürlich auch wüchsige und attrak-

tive Kreuzungen, Sorten und Variationen, die sich bei pflanzenbegeisterten Aquarianern durchgesetzt haben und vom Handel regelmäßig angeboten werden.

## FISCHE IM AQUARIUM

Für den Erstbesatz des Aquariums eignen sich: *Otocinclus affinis, Glossocheilus siamensis* und Lebendgebärende Zahnkarpfen am besten. Dazu noch die Japanische Algengarnele *Caridina japonica*. Sowohl von den Fischen als auch von den Garnelen sollte man eine ganze Gruppe einsetzen.
Auf größere Algenfresser wie *Ancistrus- oder Plecostomus*-Arten können wir gern verzichten.
Es gibt eine ganze Reihe von problematischen Fischen im Pflanzenaquarium: Goldfische und ihre Zuchtformen, Argusfische, Silberflossenblätter, Taler-, Scheiben- und Rautenflecksalmler, *Leporinus*, *Abramites*, *Distichodus*, *Pacu*, Prachtschmerlen (sie löchern die Blätter), große Buntbarsche wie Uaru, Flaggen-Augenfleckbuntbarsch oder Tilapien.
Selbst große Skalare haben manchen Pflanzentrieb zum Fressen gern.
Aus Platzgründen können hier nicht alle Pflanzen fressenden (herbivoren) Fische, die in Frage kommen, aufgeführt werden. Beim Zukauf von Fischen bitte erkundigen, ob diese schaden oder buddeln!

**TIPP:** Vorsicht ist auch beim Kauf von „Saugwelsen" geboten. Einige davon können die Blätter durch ihre raspelnde Tätigkeit stark schädigen, wenn sie nicht richtig gefüttert werden.

**Auch in Deutschland gibt es gute Wasserpflanzengärtner (hier Firma Gula).**

Ein Garten Eden für unsere Fische

*Planen, pflanzen, dekorieren*

# Mit Aquarienpflanzen gestalten

*Niemand kann sich dem Zauber eines attraktiv gestalteten Aquariums entziehen. Ein harmonisches Bild gelingt mit guter Planung und der richtigen Erstbepflanzung.*

Um dauerhaft Freude am Aquarium zu haben, empfiehlt es sich, als Erstes zu überlegen, welche Fische man pflegen will. Ihre Bedürfnisse und unser Wunsch nach einem grünen Bild sollten möglichst harmonieren. Dadurch erspart

**Pflanzen und Steine schaffen im Aquarium Lebensräume für die Fische.**

man sich manche Enttäuschung, weil einige Fische lebendes Grün „zum Fressen gern haben", daran zupfen oder buddeln oder ein Aquarium nach ihrem Gusto selbst gestalten, gern aus offenen Becken springen oder andere Wasserverhältnisse benötigen als unsere favorisierten Pflanzen. Aber auch für solche Fische lassen sich mit gezielter Pflanzenwahl und rustikalem Dekomaterial schöne Unterwasserlandschaften gestalten. Auf wertlose Plastikpflanzen kann und sollte man auf jeden Fall verzichten.

**Blüte des Zwergspeerblattes *Anubias barteri var. nana***

Zunächst sollten Sie überlegen, ob Sie ein dicht bepflanztes Gesellschafts- oder ein Erdteilaquarium anlegen wollen. Für die Fische ist dies eher belanglos. Eine streng biotopgebundene Gestaltung ist nur bei ganz wenigen Fischarten möglich und befriedigt kaum den Wunsch (und Nutzen) nach üppigem Grün im Aquarium.

**Für ein Artenbecken steht die Natur Pate.**

## PLANSPIELE

Hat man ein bestimmtes Bild vor Augen (siehe Umschlagklappe oder Schau-

Natürlich wirkende Rückwand

becken im Zoofachhandel), empfiehlt es sich – trotz eigener Fantasie und Kreativität –, einen Pflanzplan zu erstellen (siehe Muster). Hier werden auch kalkfreie Dekosteine und rustikale, saubere und absolut harte Wurzeln (nie frisch aus der Natur) sowie Unterstände, Höhlen und Terrassen aus Ton etc. eingezeichnet. Unser besonderes Augenmerk richten wir darauf, dass die Pflanzenarten etwa gleiche Ansprüche an Licht, Wasser, Temperatur und Pflege haben (siehe Pflanzenporträts ab Seite 34). Auf den dekorativen Effekt durch unterschiedliche Wuchsformen und Farben brauchen wir dabei nicht zu verzichten. Durch geschickte Vordergrund-, Seiten- und Hintergrundbepflanzung wirkt unser Urwald hinter Glas wie eine natürliche Bühne.
Um Enttäuschungen zu vermeiden, verlieren wir nie das Gefühl für die zur Verfügung stehende Beckengröße. Bei ungeplanten Spontankäufen wählt meist das Auge aus – und das kann in dasselbe gehen, wenn es sich z. B. um Jungpflanzen oder emers gezogene Exemplare handelt, die später sehr groß werden können.

**Gestaltungsvorschlag für ein 80 bis 100 cm langes Becken**
1 Rotlaubige Gruppe, abgestuft gepflanzt 2 grüne Pflanzenstraße 3 rasenbildende Pflanzen 4 Cryptocorynen 5 Vallisnerien 6 Lobelien 7 Solitärpflanze 8 rote Pflanzenstaße 9 Wistarien 10 Wurzel mit Anubias und Javamoos 11 Stein mit Kamerunfarn 12 Richtung des Filterauslaufs

**TIPP:** Angaben über endgültige Größe, Wuchsform, Platzanspruch, Blattfarbe, Vermehrung sowie Standortempfehlungen finden Sie im Porträtteil ab Seite 34.

Leider werden immer wieder Zimmerpflanzen als Aquarienpflanzen angeboten, obwohl sie großen Schaden anrichten können; sie faulen oder können sogar Giftstoffe abgeben (siehe Seite 9).

**Eine abgestufte Straße mit *Hygrophila difformis***

## DIE ERSTBEPFLANZUNG

Für die Erstbepflanzung plant und kauft man zu 75% schnell- und gutwüchsige Arten, u.a. auch als Algenprophylaxe (im Pflanzenteil mit X gekennzeichnet), und diese - bis auf Solitäre - gleich bündelweise.
Interessante Kontraste lassen sich erzielen, wenn man hellgrüne neben dunkellaubige, rundblättrige neben feinfiedrige Pflanzen setzt und mit einer roten Straße und prächtigem Solitär für den richtigen Pfiff sorgt. Ein Sammelsurium einzelner Stängel wirkt dagegen zu unruhig.
Beachtet man, dass in den Tropen viele der klein bleibenden Arten im voll besonnten Uferbereich wachsen und pflegt diese in kleinen, niedrigen Becken und die höher werdenden Arten, die an tiefes Wasser besser gewöhnt sind, in großen Aquarien, so wird der Erfolg schnell sichtbar.

**TIPP:** Pflanzen mit roten oder sehr hell gefärbten Blättern brauchen übrigens mehr Licht als dunkellaubige Arten.

## PFLANZENKAUF IST VERTRAUENSSACHE

Beste Startbedingungen sind gegeben, wenn

- die Pflanzen bereits in der Verkaufsanlage optimal präsentiert und gepflegt werden,
- man submers gezogene Pflanzen kaufen kann,
- die Pflanzen gesund sind: Austrieb und Blätter sattgrün, frisch und kräftig, Stängel weder geknickt noch matschig,
- die Pflanzen feucht und möglichst „gestützt“ verpackt werden (Styroporschale, im Winter warme Umhüllung!),
- sie zu Hause umgehend in „aquarienwarmes“ Wasser gelegt (evtl. mit feuchtem Küchenpapier abdecken) und auf das schnelle, schonende Einpflanzen vorbereitet werden.

## PFLANZEN FÜR DEN ERSTBESATZ

Bacopa caroliniana
Bacopa monnieri
Ceratophyllum demersum
Echinodorus bleheri
Echinodorus parviflorus
Echinordorus quadricostatus
Hydrocotyle leucocephala
Hygrophila corymbosa
Hygrophila difformis
Hygrophila polysperma
Limnophila sessiliflora
Limnobium laevigatum
Microsorum pteropus
Riccia fluitans
Rotala rotundifolia
Sagittaria platyphylla
Sagittaria subulata
Shinnersia rivularis
Vallisneria americana var. biwaensis
Vallisneria spiralis
Vallisneria gigantea
Vesicularia dubyana

## VOR DEM PFLANZEN

- Das Substrat (Steinwolle) stets sorgfältig mit einer Pinzette entfernen. Ebenso Bleiklammern, sie können schaden.
- Schmutz, Algen, Schneckenlaich von allen Pflanzenteilen entfernen.
- Beschädigte, angefaulte oder angetrocknete Blätter und Stängel (mit Knickstellen) entfernen.
- Stängelpflanzen grundsätzlich mit scharfem Messer um 1-2 cm kürzen.
- Stängelende auf 5 cm blattfrei machen. Druckstellen vermeiden!
- Alte und braune sowie sehr lange oder schwarze Wurzeln abschneiden. So viel Wurzelwerk an der Pflanze lassen, dass sie noch Halt im Substrat findet.

## SO WIRD GEPFLANZT

Die Pflanzen werden nach Standorten sortiert und man beginnt das Einsetzen mit den niedrigsten. Dann angewärmtes Wasser vorsichtig über einen Teller zulaufen lassen (ca. 5-10 cm hoch). Nach jeder Pflanzstufe wird Wasser entsprechend der Pflanzenhöhe aufgefüllt.
Bei Gruppenbepflanzung grundsätzlich zwischen den Stielen so viel Platz lassen, dass sich die Blätter nur wenig berühren. Für Rosettenpflanzen gilt dies ebenfalls. Pflanzen mit starkem **Wurzelballen** (*Echinodorus*) nur bis zum Wurzelhals (unterhalb des Austriebs) mit Substrat bedecken.
Für **Rosettenpflanzen** eine Mulde im Substrat schaffen, einsetzen und bis zum unpigmentierten Blattansatz mit Substrat anfüllen.
**Knollen** nur zu zwei Dritteln bedecken. *Crinum*-**Zwiebeln** umwickelt man locker mit grober Filterwatte (um Risse und Druckstellen zu vermeiden) und lässt sie ebenfalls zu einem Drittel unbedeckt.
**Rhizome** werden schräg eingesetzt und bis knapp

**Unter dieser Schwimmpflanzendecke wächst nichts mehr!**

**Aufgebunden wirkt *Riccia fluitans* besonders attraktiv.**

unter den Austrieb bedeckt. Für **Seerosen** gilt das Gleiche. Bei diesen darauf achten, dass das Rhizom hart und ohne Faulstellen ist! Javamoos, *Riccia, Anubias* und *Bolbitis* kann man gut mit einem Wollfaden auf Steine oder Wurzeln aufbinden.
Für empfindliche, wurzellose **Stängelpflanzen** wird im Substrat zwischen zwei haselnussgroßen Steinchen mit dem Finger oder einem Stäbchen ein Loch gedrückt, in das der Stängel (etwa zwei Blattknoten tief) kommt. Die Steinchen verhindern, dass das Substrat beim Pflanzen ständig nachrutscht. Oder man legt kurze Stängel flach auf das Substrat und fixiert sie, bis sie angewurzelt sind, mit einer Kunststoffklammer.
Geeignete **Schwimmpflanzen** (*Limnobium*, *Salvinia*, Schwimmfarne oder *Pistia* für offene Becken) werden im großen Futterring platziert. Sie dürfen nicht mehr als 10-20 % der Wasseroberfläche bedecken.
Grundsätzlich gilt: Alle Blätter (auch die untersten) müssen vom Licht erreicht werden.

**TIPP:** Fische erst nach 2-3 Wochen einsetzen. Nach 5-6 Wochen, wenn Blattzuwachs zu sehen ist, empfindlichere Arten wie z.B. Cryptocorynen einsetzen. Sie wachsen in gut eingelaufenen Becken viel besser. Erste Umgruppierungen erst nach einem halben Jahr vornehmen!

## ALGEN

Algen - ein ewiges Problem. Restlos algenfrei wird kaum ein Aquarium bleiben. Selbst in natürlichen Gewässern

ohne jeden Pflanzenwuchs gedeihen sie.
Solange sie unsere Pflanzen nicht überwuchern und ersticken, sind sie mehr ein optisches Problem und häufig genug ein Indikator dafür, dass das Wasser hauptsächlich mit Nitrat und Phosphat belastet ist. Aber auch bei hohen pH-Werten und hartem Wasser oder falscher Beleuchtung stellen sie sich prompt ein.
Beinahe nach jeder Ersteinrichtung treten bräunliche **Kieselalgen** (gerne als Braun-Schmieralgen betitelt) auf, die geradezu als Erstsiedler gelten können. Sie verschwinden meist, nachdem das Becken eingefahren ist (etwa nach 2–3 Wochen) wieder von alleine. Hartnäckig bleiben sie an wenig beleuchteten Stellen.
Als Abhilfe können die Lichtintensität erhöht und „Algenfresser" eingesetzt werden (siehe Tipp).
**Grünalgen** können vielgestaltig sein und siedeln auf Pflanzen, Kieseln und Dekomaterialien. Grüne **Faden-**, **Punkt-**, und **Pelzalgen** können bei Massenbefall den Pflanzenwuchs stören.
Da die Wuchsbedingungen der Grünalgen nahezu die gleichen sind wie die unserer Pflanzen, lassen sie sich nur schwer bekämpfen, ohne die Pflanzen zu beeinträchtigen. Eine gute Prophylaxe ist dabei immer noch das beste Mittel. Die beginnt beim regelmäßigen Teilwasserwechsel (mit aufbereitetem Wasser) und beim Verhindern von zu hohen pH-, KH-, Nitrat- und Phosphatwerten (siehe Seite 23). Letztere lassen sich schon durch einen ausgewogenen Fischbesatz und vernünftige, maßvolle Fütterung mit hochwertigem Qualitätsfutter erreichen. Die beste Möglichkeit, den Algenwuchs gering zu halten, sind immer noch eine dichte (Erst-) Bepflanzung und optimale Wuchsbedingungen für die Pflanzen.
Außerdem sollte man die Algen erst gar nicht hochkommen lassen: Schon die ersten, die auftauchen, werden sofort und regelmäßig abgefischt. Wenn nötig, sollte man sogar die befallenen Blätter rigoros entfernen. Fadenalgen lassen sich wie Spaghetti über eine Bürste aufrollen und abziehen.

**TIPP:** Algenfressende Fische (z. B. *Otocinclus affinis*, *Glossocheilus siamensis* und Lebendgebärende Zahnkarpfen) und Garnelen sind wertvolle Helfer bei der Algenbekämpfung.

Grüne **Schwebealgen**, oft als hartnäckige Wassertrübung empfunden, lassen sich mit einer UV-Lampe eliminieren. Stimmen alle Parameter, dann kann man

als letzte Hilfe durch völliges Abdunkeln des Beckens (5–7 Tage, nie länger!) den Algenwuchs hemmen. Anschließend Abgestorbenes restlos entfernen.
Besonders hartnäckig können die schwarzen **Punktalgen**, die grauen bzw. grünen **Pinselalgen** und die sogenannten **Bartalgen** (gehören zu den **Rotalgen**) werden. Man verfährt wie oben beschrieben. $CO_2$-Düngung und gute Eisenwerte sowie pH-Werte unter 7 bringen sie oft zum Verschwinden.
Unangenehm und hässlich sind die **Blaualgen**, die oft in dichten, schmierigen Matten Bodengrund, Dekoration und Pflanzen überziehen. Selbst das Wasser riecht unangenehm nach ihnen. Blaualgen signalisieren, dass das Aquarienmilieu stark gestört ist. Sie wachsen bevorzugt in überdüngten Becken bei hohen Nitrat-, Phosphat- und pH-Werten (über 7,5 oder 8), faulem Bodengrund, zu hohen Temperaturen, bei Sauerstoff-Defizit und zu wenig Licht oder wenn der Filter restlos verschlammt ist.
Man muss sie restlos absaugen, die möglichen Ursachen herausfinden und das Aquarium sanieren. Danach algenhemmende Pflanzen einbringen (S. 20). Abdunkeln bringt nichts, denn Blaualgen können auch im Dunklen noch gedeihen.

Ein interessanter Blickfang: *Aponogeton crispus*

## URSACHE VON ALGENWUCHS

▶ Das Verhältnis von Produzenten zu Reduzenten (das sogenannte biologische Gleichgewicht)im Aquarium ist schwerwiegend gestört. Das heißt, dass unter anderem zu viele eiweißhaltige Substanzen (z. B. durch zuviel Futter, Fischausscheidungen, abgestorbene Fische, Schnecken, Pflanzen oder Bakterien) vorliegen. Da zu wenig nützliche Abbaubakterien vorhanden sind, ist der Stickstoffabbau gestört.
▶ Es sind zu viele Stickstoffabbauprodukte (Nitratüberschuss über 40 mg/l) oder Phosphat (über 0,1 mg/l) im Wasser.
▶ Die Photosynthese der Pflanzen ist gestört oder kommt zum Erliegen.
▶ Zu hohe Karbonathärte.
▶ Die technische Ausstattung ist mangelhaft.

*Anubias,* wie in der Natur auf Felsen wachsend

In Süd-Thailand wächst *Crinum thaianum* in langsam strömendem Wasser dicht an dicht.

*Wissen beugt Problemen vor*

# Aquarienpflanzen richtig pflegen

*Wir können uns auf Dauer am prächtigen Pflanzenwuchs unseres Aquariums erfreuen, wenn wir die elementaren Bedürfnisse der Pflanzen erfüllen.*

Dazu gehören:
- optimales Licht,
- die richtige Temperatur,
- natürliche Wasserbewegung,
- beste Wasserverhältnisse,
- zusagender Bodengrund,
- umfassende Düngung einschließlich $CO_2$-Versorgung und
- regelmäßige Pflege.

Um die Aquarienpflanzen im optimalen Bereich zu pflegen, nutzen wir umfangreiche Biotopkenntnis-

se, aquaristische Erfahrungen, das industrielle Know-how und Forschungsergebnisse. Vor allem aber die daraus resultierenden Produkte.

## LICHT

Auch Kunstlicht steuert im Aquarium die Lebensvorgänge. Pflanzen brauchen es, um assimilieren zu können (Photosynthese, siehe Seite 14). Wir dürfen aus dem Vollen schöpfen und das „Machbare“ für unsere Zwecke nutzen: Um z. B. tageslichtunabhängig zu sein, verwenden wir spezielle Leuchtstoffröhren aus dem Zoofachhandel. Ihr Farbspektrum kommt dem natürlichen Sonnenlicht sehr nahe. Wichtig ist vor

**Wasseranalysen sind wichtig!**

allem der Rotanteil, der den Längenwuchs, und der Blauanteil, der den Breitenwuchs fördert. Beim Einsatz mehrerer Röhren lassen sie sich trefflich kombinieren. Wer an der Beleuchtungsstärke, d.h. an der Röhrenanzahl über dem Becken spart, spart sicher am verkehrten Platz. Die unterste Grenze liegt bei 0,4 bis 0,7 Watt pro Liter Wasser (leider sind die errechneten Werte häufig nur als Krücke gedacht, denn man ist auf die Normlänge und Leistung der Röhren in den Abdeckungen angewiesen). Oder man verwendet pro 10 cm Wasserhöhe (Boden-

**Erdteilbecken Typ „Südostasien“**

**Weiß- und Schwarzwasser des Rio Negro und Solimoes**

grund abgezogen) eine Röhre, die möglichst über die gesamte Breite des Beckens reichen sollte.
Für Becken über 40 cm Höhe (offene Aquarien) empfehlen sich sogenannte HQL-Lampen (Hochdruckquarzlampen), die es mit 80 und 125 Watt (auch umschaltbar) gibt und die mehrere Röhren ersetzen. Sie erzeugen ein besonders helles, pflanzenfreundliches Licht. Dazu noch mit hübschem Design (zur Raumausstattung passend), mit austarierten Reflektoren und blendfrei anzubringen, sind sie eine hervorragende Alternative zu Röhren. Mit sogenannten Punktstrahlern lassen sich besonders lichthungrige Arten bestrahlen und hübsche Effekte im Becken erzielen; ebenso wenn das Licht von vorne schräg auf die Pflanzen fällt. Es empfiehlt sich, nie an der Beleuchtungsstärke (Röhren-/Lampenanzahl) zu sparen. An zu viel Licht ist noch kaum eine Aquarienpflanze eingegangen!

## BELEUCHTUNGSDAUER

Ein schwerer Irrtum wäre es, fehlendes Licht mit einer Verlängerung der Beleuchtungsdauer über 12 Stunden (der Tropentag dauert 12 Stunden) ausgleichen zu wollen. Oder, um Strom zu sparen, weniger als 10 Stunden zu beleuchten.
Das Ein- und Ausschalten des Lichts übernimmt eine Schaltuhr. Damit das Licht nicht zu plötzlich angeht (Schock für viele Fische), nutzen wir die natürliche Dämmerung im Raum und beleuchten ab 9 oder 10 Uhr vormittags.
Für gehobene Ansprüche gibt es sogar eine digital gesteuerte Imitation von Dämmerung und Mondschein im Becken.
Wie in den Tropen legen übrigens manche Pflanzen (*Hygrophila* etc.) ihre Blätter ab 18 Uhr nach oben in Ruhestellung.

**TIPP:** Die Lichtausbeute der vorhandenen Röhre(n) lässt sich sehr gut mit handelsüblichen Reflektoren zur Selbstmontage steigern.

## TROPISCHE WÄRME

Unsere Fische und Pflanzen sind Kinder der Tropen und Subtropen. Deshalb brauchen sie, wie in der Natur auch, je nach Art 20 bis 26 °C warmes Wasser. Erfahrungsgemäß altern Pflanzen bei höheren Temperaturen aber sehr schnell. Liegt die Temperatur unter oder weit über den genannten Werten, leiden sie deutlich sichtbar.
Am gebräuchlichsten sind thermostatgesteuerte Stabheizer (mit Trockenlaufschutz!). Man benötigt bei normaler Raumtemperatur von 18 bis 20 °C etwa 0,3 bis 0,5 Watt Heizleistung je Liter Wasser. Unter 18 °C Raumtemperatur empfehlen sich 0,75 Watt.
Eine gute Wärmeverteilung wird erreicht, wenn der Heizstab frei von Kies oder Dekomaterial und gegenüber vom Filtereinlauf angebracht wird. Beim Wasserwechsel stets den Stecker ziehen!
Praktisch sind auch Thermofilter, die zugleich filtern und thermostatgesteuert heizen.
Weit pflanzenfreundlicher ist jedoch eine sogenannte Bodengrundheizung, bestehend aus Heizkabel und elektronischer Temperatursteuerung. Ihr Vorteil: Sie sorgt auch in kühlen Räu-

men für warme Wurzeln im Bodengrund (sie halten diesen locker und gesund), was sich erwiesenermaßen günstig auf den Pflanzenwuchs auswirkt. Durch die Erwärmung des Substrates (ca. 1 bis 2 °C mehr als das Beckenwasser) wird dieses sozusagen geflutet und es kommt zu einem langsamen Wasseraustausch im Boden, weil das warme Wasser nach oben steigt. Mit nachsickerndem Wasser werden Sauerstoff und Nahrung an die Wurzeln herangeführt und Abfallprodukte fließen dabei ab. Das Beckenwasser wird so gleichmäßiger erwärmt (auch in strömungsarmen Ecken). Durch den 24-V-Trafo ist das System auch technisch sicher.
Mit einem Aquarienthermometer wird die Temperatur überwacht. Zur Kontrolle empfiehlt sich ein möglichst geeichtes Bodensteckthermometer plus fixierbares Schwimmthermometer. Flüssigkristallthermometer, die an die Scheibe geklebt werden, haben den Nachteil, dass sie auch die Raumtemperatur mitmessen.

## SAUBERES WASSER

Leichte Strömung und sauberes Wasser sind Bedingungen für guten Pflanzenwuchs. Außerdem wünscht sich jeder Aquarianer kristallklares Wasser, wofür ein möglichst großvolumiger Filter sorgt. Der Zoofachhändler Ihres Vertrauens hält sicher funktionelle Modelle für Sie bereit und berät Sie gern.
Aus Platzgründen kann hier leider nicht auf spezielle Fabrikate und Anwendungsbereiche eingegangen werden. Folgende Anforderungen muss der Filter aber erfüllen:

- Ein möglichst großes Filtervolumen soll viel Platz für das Filtermaterial bieten, auf dem sich Abbaubakterien ansiedeln, die den Schadstoffabbau sichern. Auch das Zurückhalten flutender Schmutzpartikel (Futterreste, Mulm, Pflanzenteile etc.) sorgt für klares Wasser.
- Stündlich sollten im Pflanzenbecken 50 bis 80% des Wassers das Filtermaterial Tag und Nacht durchströmen. (Vom Hersteller werden immer die Leerlaufleistungen angegeben.) Dabei wird die Wärme gleichmäßig verteilt, nährstoffreiches Wasser an den Blättern vorbeigeführt, Stoffwechselprodukte und Mulm abtransportiert.
- Mehrere Filterkammern oder -körbe sind wichtig für die Bestückung mit verschiedenen Filtermaterialien wie Perlonwatte, spezielle Schaumstoffe, Filtermatten, Tonröhrchen oder Tropfkörper mit möglichst großer Oberfläche, die die Ansiedlung vieler Bakterien ermöglichen.

**Eine Kombination interessanter Blattformen**

**Auch am Rio Negro: Wasser mit hohem Eisengehalt**

**TIPP:** Niemals alles Filtermaterial zugleich austauschen oder säubern! Die Bakterien können durch handelsübliche Kulturen ergänzt werden.

Um schädliche Substanzen wie Chlor, Medikamentenrückstände, Trübungen oder einen starken Gelbstich (Huminsäuren) zu entfernen, kann man nach Gebrauchsanweisung Filterkohle einsetzen. Danach aber immer düngen.
Nach dem Einsatz chemischer Filtermassen zum Ansäuern, Auf- oder Enthärten unbedingt die Wasserwerte überwachen (siehe Seite 29, 30).
Um nicht übermäßig viel $CO_2$ auszutreiben, wird der Wassereinlauf so eingestellt, dass die Wasseroberfläche bewegt wird, aber keine Luft-Wasser-Verwirbelung (mit Plätschern) stattfinden kann.
Auf jegliche Ausströmer oder sogenannte Diffusoren kann man in einem gut funktionierenden Pflanzenbecken verzichten. Bei starkem Fischbesatz kann man nachts (mittels Schaltuhr) bis zum Beginn der Morgendämmerung einen Ausströmer zur Sauerstoffanreicherung einsetzen.

## RICHTIGER BODENGRUND

Hierfür versuchen wir, die natürlichen Abläufe im Bodengrund tropischer Gewässer zu imitieren. Um die Pflanzen von Anfang an und von Grund auf optimal mit Nährstoffen zu versorgen, wird in den sauber gewaschenen, vor allem aber kalkfreien Aquarienkies (Körnung 2 bis 3 mm) ein sogenannter Langzeitdünger mit hohem Eisenanteil (bestes Laterit) eingemischt. Denn viele Aquarienpflanzen (besonders die Sumpfpflanzen) nehmen nicht ausschließlich über ihre Unterwasserblätter Nährstoffe auf, sondern auch über die Wurzeln.
Die nährstoffreiche Schicht (siehe Gebrauchsanweisung) wird mit 1 bis 2 cm sauberem Kies (z.B. mischfarbiger Mainkies) abgedeckt. Das Substrat steigt je nach Beckenhöhe von vorne nach hinten von 5 bis 10 cm an.
Andere Zusätze wie Fluss- oder Bausand, Lehm, Blumenerde, getrockneter Mist oder Torf schaden im Aquarium immer. Solche Stoffe führen schnell zu Fäulnis (schwarzer Boden) mit übelriechender Gasbildung und schlimmem Algenwuchs.

## WASSERWERTE

Auch von mir durchgeführte Freilandbeobachtungen und Messungen an tropischen Gewässern haben gezeigt, dass zum einen nicht jedes Gewässer offensichtlich pflanzenfreundliche Bedingungen bietet (z.B. der Rio Negro), aber auch Gewässer in Asien oder Afrika durch extrem niedrige pH-Werte, dunkle Färbung (wie schwarzer Tee durch Humin- und Gerbsäuren) und kaum messbare Härtebildner auffallen; außerdem gibt es mangelnde bzw. zu reißende Strömung oder zu hohe Temperaturen. Nur

## GESAMTHÄRTESTUFEN

| Härtestufe | Grad | Bezeichnung |
|---|---|---|
| 1 | bis 7° dH | weiches Wasser |
| 2 | bis 14° dH | mittelhartes Wasser |
| 3 | bis 21° dH | hartes Wasser |
| 4 | über 21° dH | sehr hartes Wasser |

wenige hochspezialisierte Pflanzen leben dort oder die Gewässer sind pflanzenlos. Zum anderen wachsen die meisten unserer Aquarienpflanzen häufig in salzarmen (KH-Werte 0 bis 2°), sauren bis neutralen Gewässern (pH 5,5 bis 7), die aber sehr schadstoffarm sind und relativ hohe $CO_2$-Werte sowie beste Nährstoffversorgung (Eisen) aufweisen.
Das heißt für uns, dass wir die natürliche Anpassungsfähigkeit der Pflanzen nutzen, aber versuchen müssen, die Wasserwerte im Aquarium im erfahrungsgemäß tolerierbaren Bereich einzustellen und zu stabilisieren. Die genannten Wasserwerte stellen ein Standardmilieu dar.
Mit handelsüblichen Analytik- und Aufbereitungsmöglichkeiten lässt sich unser Leitungswasser leicht überwachen und zu pflanzenfreundlichen Werten aufbereiten.
Gute Zoofachhändler beraten Sie gerne und helfen beim ersten Test.

## HÄRTE UND PH

Von der „Wasserhärte“ hat jeder Aquarianer schon gehört. Wasser ist bekanntermaßen ein hervorragendes Lösungsmittel. Es wird geprägt von den Stoffen, mit denen es in Berührung kommt. Deshalb ist die **Gesamthärte** (GH) die Summe aller aus dem Boden gelösten Erdalkali-Ionen und wird durch den Gehalt an Kalzium- und Magnesiumsalzen bestimmt. Sie wird mit dem sogenannten GH-Test gemessen. Anzustreben sind Werte von 6 bis 10° dGH. Gesenkt werden kann sie durch Ionenaustausch (Vollentsalzungs-) oder Umkehrosmoseanlagen. Durch die Wechselwirkung mit dem pH-Wert hat die **Karbonathärte** (KH) u.a. maßgeblichen Einfluss auf das Gedeihen der Wasserpflanzen. Sie wird besser Säurebindungskapazität genannt (Summe des gelösten Hydrogenkarbonats bzw. der Kalzium- und Magnesiumsalze und Kohlensäure). Sie wirkt als pH-Puffer und verhindert ein zu starkes und schnelles Absinken des pH-Wertes. Hohe KH-Werte zeitigen einen hohen pH-Wert. Fehlt den Pflanzen

**Dieser neue $CO_2$-Spender ließe sich auch „tarnen“.**

**TIPP:** Wasser immer im Eimer aufbereiten, testen und ganz langsam in das Becken zulaufen lassen.

$CO_2$, so lösen manche dieses aus den vorhandenen Härtebildnern; dabei steigt der pH-Wert und unlösliche Karbonate schlagen sich als rauer Belag auf Blättern etc. nieder (biogene Entkalkung). Anzustreben ist ein Wert von 3 bis 5° dKH. Absenken ist wie bei der GH möglich, Erhöhen mit Filtermaterial oder einem entsprechendem Produkt aus dem Zoofachhandel.
Der **pH-Wert** resultiert aus allen im Wasser gelösten sauren und basischen (alkalischen) Stoffen. Das Maß für die Ionenkonzentration ist logarithmisch, d.h., eine pH-Änderung von z. B. 6 auf 7 bedeutet eine 10fache, eine Änderung um 2 Stufen eine 100fache Konzentrationsänderung. Falsche pH-Werte und große Schwankungen schaden!
pH-Wert, KH und $CO_2$ stehen immer im direkten Zusammenhang. Erhöht wird der pH-Wert durch biogene Entkalkung, wenn man stark belüftet ($CO_2$ wird ausgetrieben) oder Härtebildner aus dem Handel zugibt. Absenken kann man den Wert mit $CO_2$ oder ansäuernden Produkten (u. a. Torf). Ideal ist pH 6-7,2.

### DER PH-WERT

| | |
|---|---|
| 0 | sehr sauer (Säure) |
| 7 | neutral |
| 14 | sehr basisch (Lauge) |

## PFLANZEN-ERNÄHRUNG

Wie alle Lebewesen brauchen auch Pflanzen Nahrung. Vom Vorhandensein aller benötigten Nährstoffe hängt das Wachstum entscheidend ab. Fehlt auch nur ein Nährstoff oder Spurenelement, kümmern sie und gehen ein. Dies hat schon der Chemiker Justus von Liebig (1803-1873) festgestellt.
Unverzichtbar ist vor allem der Kohlenstoff in Form von Kohlendioxidgas ($CO_2$). 0,7% des $CO_2$ wird im Wasser zu Kohlensäure ($H_2CO_3$) und senkt den pH-Wert.
Zur Dosierung stehen uns eine Vielzahl von Möglichkeiten zur Verfügung. Vom Einfachset bis zur vollautomatischen Mess- und Dosieranlage bleibt kein Wunsch unerfüllt. 10 bis 30 mg/l $CO_2$ sollten messbar sein. Mit einem kleinen Messgerät (sogenannter Dauertest) lassen sich pH-Wert und $CO_2$-Gehalt gut überwachen.

## DÜNGEN TUT NOT

An den Hauptnährstoffen Stickstoff und Phosphat gibt es im Aquarium kaum Mangel (bei Abbauprozessen entstehen $NO_3$ und $PO_4$) oder sie sind, wie Kalzium und Magnesium, bereits in ausreichender Menge im Leitungswasser enthalten. Leider gilt dies kaum für Kalium. Deshalb wird schon bei der Erstfüllung und bei jedem Teilwasserwechsel ein sogenannter **Basisdünger** zugesetzt (enthält Hauptnährstoffe einschließlich Kalium, aber kein $NO_3$ und $PO_4$).

## PFLEGETIPPS

- Täglich die Temperatur, den $CO_2$-Dauertest und die Funktion der technischen Geräte überwachen.
- Abgestorbenes und vor allem Algen und Wasserlinsen entfernen.
- Ausgebuddeltes sofort wieder einsetzen.
- Wenn Stängelpflanzen die

**TIPP:** Mit einem **Tagesdünger** werden jene Nährstoffe, z. B. auch Eisen, nachgeliefert, die ständig verbraucht werden oder schnell oxidieren. Nach Gebrauchsanweisung dosieren; nie überdüngen, das schadet.

**Kontraste in Farbe und Blattform ergeben ein brillantes Bild.**

Wasseroberfläche erreicht haben, kann man sie kürzen und als Stecklinge weiterverwenden.

- Wenn eine Seerose Schwimmblätter bildet, diese entfernen, wenn sie unter Wasser bleiben soll.
- Bei Rosettenpflanzen unansehnliche Außenblätter entfernen, Ausläufer abtrennen und zu dichte Bestände auslichten.
- Regelmäßig wird alle 2 bis 3 Wochen ein Viertel des Wassers gewechselt und starker Gelbstich (durch Gerbstoffe) ausgedünnt. Dabei düngen und die Dauertestflüssigkeit austauschen sowie KH, Nitrat ($NO_3$) und Eisen (Fe) messen.
- Sämtliche Scheiben mit einem Scheibenreiniger säubern. Kalkrückstände kann man mit Zitronensaft, Essig oder 10%iger Salzsäure reinigen (nie Wasser in die Säure geben, sondern umgekehrt!).
- Mit einem Schlammheber den Mulm entfernen; wenn nötig, vorsichtig den Boden lockern.
- Darauf achten, dass die Schwimmpflanzen nicht zu sehr überhand nehmen.
- Nach 9 bis 12 Monaten Leuchtstoffröhren nach und nach austauschen (technische Alterung), sie wirken nur mehr zu 50%. Aber bei der Lichtfarbe bleiben!

**TIPP:** Beim Umzug mit dem Pflanzenbecken sollte man das Beckenwasser in Kanister füllen und mitnehmen. Rückwand und Scheiben werden mit Styropor fixiert und die Pflanzen mit feuchtem Küchenpapier abgedeckt.

*Von A bis Z*

# Aquarienpflanzen im Porträt

*Erst die grüne Palette geeigneter Pflanzen gibt unserem Aquarium den richtigen Pfiff. Und das lebendige Grün stabilisiert das Milieu und sichert so das Wohlbefinden unserer Fische.*

**Üppig und gesund wächst das Kleine Papageienblatt.**

**PLATZIERUNG**

Die Abkürzungen bei der Höhenangabe in den Pflanzenbeschreibungen geben Hinweise für die Verwendung der Pflanzen:

**V** Vordergrund
**M** mittlerer Bereich
**H** Hintergrund
**S** Seite
**Sol** Solitärpflanze
**X** gut für die Erstbepflanzung

**Blüte von *Crinum thaianum* über Wasser**

**Solitäre brauchen Platz.**

Große (hohe und tiefe) Becken lassen sich prächtig bepflanzen.

Zierliche Cognacpflanze

Kleine Cognacpflanze

**Kleines Papageienblatt**
***Alternanthera reineckii***

Von dieser attraktiven, jedoch anspruchsvollen Art gibt es grünblättrige, rosa-, lila- und rotblättrige Wuchsformen. Mit ihnen lassen sich bei abgestufter Pflanzung schöne Kontraste im Pflanzbild schaffen.
**Heimat**: Südamerika
**Höhe**: 20-50 cm; wächst in offenen Becken über die Wasseroberfläche hinaus und blüht dort auch. Lockere Gruppe; M und S
**Pflege**: Papageienblätter sind sehr lichthungrig, brauchen $CO_2$-Düngung, einen pH-Wert von 6,5-7,5, weiches bis mittelhartes Wasser und eine Temperatur von 18-26 °C zum Gedeihen. Vermehrung gut über Kopfstecklinge.

**Zierliche Cognacpflanze**
***Ammannia gracilis***

Gesuchte Pflanzen, die unbeschattet - dem vollen Licht ausgesetzt - am besten zwischen hellgrünen Gewächsen wirken. Wächst in offenen Becken gerne über die Wasseroberfläche hinaus und blüht dort auch. Lockere Gruppe abgestuft pflanzen.
**Heimat**: Senegambia
**Höhe**: 20-60 cm; M, S
**Pflege**: Diese lichthungrige Pflanze braucht $CO_2$-Düngung, einen eisenhaltigen Bodengrund, pH-Werte von 6-7,2, weiches Wasser und Temperaturen von 24-28 °C. Vermehrung durch Kopfstecklinge.
Die Pflanzen regelmäßig vorsichtig einkürzen, bevor die Stängel unten verkahlen.

**Kleine Cognacpflanze**
***Ammannia senegalensis***

Sehr beliebte Pflanze, die zwischen hellem Grün einen hübschen Kontrast bildet. Kann ständig untergetaucht, aber auch in offenen Becken bei starkem Licht gepflegt werden. In lockerer Gruppe abgestuft pflanzen.

Barters Speerblatt

Heimat: Senegambia, tropisches Afrika
**Höhe**: 20-50 cm; V, S
**Pflege**: Unbeschattet bei starkem Licht, mit $CO_2$-Düngung, in nährstoffreichem Bodengrund, einem pH-Wert von 6-7,2 und weichem Wasser sowie Temperaturen von 22-28 °C pflegen. Vermehrung über Stecklinge der Seitentriebe.

**Barters Speerblatt**
***Anubias barteri var. barteri***

Die überaus „harten", dunkelblättrigen *Anubias*-Arten sollten in keinem Aquarium fehlen. Sie wachsen ausdauernd, auch untergetaucht, sowohl auf Dekorationsmaterial aufgebunden als auch im Bodengrund, am besten im Schatten anderer Pflanzen.
**Heimat**: Westafrika
**Höhe**: 25-45 cm; M, H, S. Große Arten wie *A. afzelii* und *A. gigantea:* H, Sol. Die Wuchsform „coffeefolia" ist rotbraun und bleibt niedriger (V, M).
**Pflege**: Beim Einpflanzen oder Aufbinden Rhizom möglichst nicht beschädigen oder völlig eingraben. Der Austrieb muss immer aus dem Boden ragen. Im normal beleuchteten Becken wachsen sie bei pH-Werten von 6-7,8 und weichem bis mittelhartem Wasser sowie Temperaturen von 20-26 °C relativ langsam. Vermehrung durch Abtrennen von Rhizomaustrieben.

**Kahles Speerblatt**
***Anubias barteri var. glabra***

Untergetaucht gut wüchsig. Für alle Beckengrößen geeignet. Hart im Barschbecken und höher wüchsig in Paludarien.
**Heimat**: Westafrika
**Höhe**: 15-40 cm; M, S
**Pflege**: Wächst nahezu bei jedem Lichtangebot. Bei pH 6-7,2, weichem bis mittelhartem Wasser und $CO_2$-Düngung guter Zuwachs. Liebt etwas Strömung. Zum Aufbinden geeignet.

**Zwergspeerblatt**
***Anubias barteri var. nana***

Auch für diesen aquarienholden Pflanzenschatz gilt das Prädikat: attraktiv, hart und für jede Aquariengröße geeignet. Besonders auf Wurzeln oder Steine aufgebunden, wirkt dieses dunkellaubige Kleinod zwischen hellen Pflanzen in allen etwas abgeschatteten Beckenbereichen (auch Barschbecken).
**Heimat**: Kamerun

**Kahles Speerblatt**

**Zwergspeerblatt**

**Boivins Wasserähre**

Krause Wasserähre

**Höhe**: 5-15 cm; alle Zonen
**Pflege**: Beim Pflanzen Rhizome nicht beschädigen oder völlig abdecken! $CO_2$-Düngung ist vorteilhaft.

### Boivins Wasserähre *Aponogeton boivinianus*

Wie die meisten *Aponogeton* besitzt diese auffallende und kostbare Schönheit eine Knolle. Sie blüht hübsch, wie die anderen Arten an einem langen Blütenstiel über Wasser.
**Heimat**: Madagaskar
**Höhe**: 30-60 cm; Sol; viele breite Blätter!
**Pflege**: Für hohe Becken. Sehr lichthungrig. pH 6-7,5; 20-26 °C. Weiches bis mittelhartes Wasser. $CO_2$-Düngung wichtig. Bodendünger direkt an die Knolle. Steht gern in der Strömung. Vermehrung durch Abtrennen von Tochterknollen.

### Krause Wasserähre *Aponogeton crispus*

Diese bekannte Knollenpflanze wirkt in hohen Becken durch ihren kräftigen Wuchs und ihr lichtes Grün unübersehbar.
**Heimat**: Sri Lanka

Gitterpflanze

**Höhe**: 30-50 cm; M, Sol
**Pflege**: Bei gutem Licht, einem pH-Wert von 6-7,5 und weichem bis mittelhartem Wasser. Temperatur 22-26 °C. $CO_2$- und Bodengrunddüngung wichtig. Knollen treiben dann nach Ruhepause wieder aus. Vermehrung: gut durch Samen.

### Gitterpflanze *Aponogeton madagascariensis*

Nach wie vor eine Traumpflanze mit variablen Blattstrukturen, aber auch eine echte Herausforderung an den Pfleger.
**Heimat**: Madagaskar, Mauritius
**Höhe**: 25-50 cm; M bis Sol
**Pflege**: Bei herkömmlicher Beleuchtung, Strömung und wöchentlichem Teilwasserwechsel, pH-Wert 5-7,2, weiches Wasser, Bodengrund- und $CO_2$-Düngung sowie Temperaturen nicht

Steifblättrige Wasserähre

Meersalatähnliche Wasserähre

über 25 °C gedeihen sie am ehesten.

## Steifblättrige Wasserähre *Aponogeton rigidifolius*

Lederartige und hübsche dunkelgrüne, gewellte Blätter zieren diese auffällige Pflanze. Sie wächst nicht aus einer Knolle, sondern aus einem kriechenden Rhizom.
**Heimat**: Sri Lanka
**Höhe**: 30-40 cm; M, Sol
**Pflege**: Ihr Lichtbedarf ist sehr hoch. Eisenhaltiger Bodengrunddünger, $CO_2$-Gaben, weiches bis mittelhartes Wasser, ein pH-Wert von 6-7,5 und eine Temperatur von 22-26 °C tragen zum Gedeihen bei. Vegetative Vermehrung.

## Meersalatähnliche Wasserähre *Aponogeton ulvaceus*

Eine prächtige Solitärpflanze, die oft mehr als 30 wunderschöne hellgrün gewellte, transparente Blätter bildet.
**Heimat**: Madagaskar
**Höhe**: 30-50 cm; M, Sol
**Pflege**: Viel Licht, $CO_2$-Düngung, eisenhaltiger Bodengrund, weiches bis mittelhartes Wasser, pH 6-7,5 und Temperaturen von 22-26 °C lassen sie gut wachsen. Knolle kann Ruhepause einlegen.

## Gewellte Wasserähre *Aponogeton undulatus*

Diese gutwüchsige Knollenpflanze ist nicht nur attraktiv, sondern auch höchst interessant im Wuchs und der Vermehrung.
**Heimat**: Indien
**Höhe**: 20-30 cm; M, Sol
**Pflege**: Eine lichthungrige Pflanze, die $CO_2$- und Bodengrunddüngung, weiches bis mittelhartes Wasser, einen pH-Wert von 6-7,5 und Temperaturen von 20-26 °C braucht. Die Knolle legt unterschiedlich lange Ruhepausen ein. Vermehrung: an langen Stielen bilden sich Adventivpflanzen mit kleinen Knollen, die sich, nach 5-6 Wochen abgetrennt, weiterkultivieren lassen.

## Karolina Fettblatt *Bacopa caroliniana*

Zu Recht gehört diese hübsche und gutwüchsige Pflanze zum regelmäßigen Angebot des Fachhandels. Am besten wirkt sie als Gruppe oder abgestuft gepflanzt.
**Heimat**: südl./mittl. USA
**Höhe**: 25-45 cm; M, S; X
**Pflege**: Lichthungrig! Bräunliche Blattfarbe zeigt Wohlbefinden an. Weiches Wasser, pH-Wert 6-7,2, Temperaturen nicht über 25 °C. Vermehrung durch Stecklinge.

Gewellte Wasserähre

Karolina Fettblatt

Kleines Fettblatt

Langblättrige Barclaya

## Kleines Fettblatt
### *Bacopa monnieri*

Auch sie gehört zu den altbewährten Aquarienpflanzen, die untergetaucht gut gedeihen und als Gruppe wunderschön wirken.
**Heimat**: Tropen, Subtropen
**Höhe**: 25-45 cm; M, S; X
**Pflege**: Kommt in nahezu jedem Wasser, herkömmlich beleuchteten Becken, bei pH 6,5-8 und 15-28 °C gut aus. Vermehrung über abgetrennte Sprosse.

## Langblättrige Barclaya
### *Barclaya longifolia*

Eine Kostbarkeit für Kenner, die es grün- und rotblättrig (gewellt) gibt. Auch ihre willig getriebenen Blüten sind ein toller Blickfang!
**Heimat**: Südostasien
**Höhe**: 15-45 cm; Sol
**Pflege**: Gutes Licht, unbeschatteter Standort, weiches Wasser, pH-Wert 5,5-7,2, eisenhaltiger Bodengrund, $CO_2$-Düngung und 25-28 °C lassen sie am besten gedeihen. Vermehrung aus Samen möglich.

## Kongo-Wasserfarn
### *Bolbitis heudelotii*

Dieser aparte, gefiedertblättrige und amphibisch wachsende Wasserfarn wirkt und wächst am besten auf Wurzeln und Lavagestein aufgebunden.
**Heimat**: Westafrika
**Höhe**: 20-40 cm; H, Sol
**Pflege**: Unproblematisch bei herkömmlicher Beleuchtung, leichter Strömung, $CO_2$- Düngung, weichem Wasser, pH 5,5-7,2 und 20-28 °C. Vermehrung: Teilung des Rhizoms (nie völlig mit Substrat bedecken).

## Grüne Haarnixe
### *Cabomba caroliniana*

Altbekannt und beliebt im Aquarium. Mit ihren zarten hell-sattgrünen bis rötlich angehauchten Blattquirlen haben sie, immer als Gruppe gepflanzt, exotischen Reiz.
**Heimat**: USA, Südamerika
**Höhe**: 30-80 cm; H, M

Kongo-Wasserfarn und *Anubias barteri* emers und submers

Grüne Haarnixe

Japanisches Schaumkraut

**Pflege**: Alle „Haarnixen" sind lichthungrig. Je mehr Rot sie zeigen (*C. aquatica C. furcata, C. palaeformis*), desto mehr Licht brauchen sie. $CO_2$-Düngung, weiches bis mittelhartes Wasser, pH 5-7,2 und 20-25 °C lassen sie gut gedeihen. Vermehrung: über Kopf- und Seitentriebe.

### Japanisches Schaumkraut *Cardamine lyrata*

Altbekannt und beliebt wegen ihrer dekorativen Ranken ist sie für Kalt- und Warmwasseraquarien gleichermaßen geeignet. Als Gruppe gepflanzt oder die Ranken flach am Boden entlanggeleitet, kommt sie am besten zur Geltung.
**Heimat**: Japan, China
**Höhe**: 20-50 cm; M, S, H
**Pflege**: Wenn man ihr hohes Lichtbedürfnis beachtet, ihr mittelhartes Wasser, pH 6-8 sowie 15 bis max. 25 °C bietet, gedeiht sie auch. Vermehrung über Stecklinge.

### Gemeines Hornkraut *Ceratophyllum demersum*

Als Ablaichsubstrat, Versteck für Fische und Algenhemmer wird diese außergewöhnliche Pflanze gerne kultiviert.
**Heimat**: Kosmopolit
**Höhe**: Ranken, bis 80 cm; X
**Pflege**: Sehr anpassungsfähig. Wächst sehr schnell. Am besten frei flutend (oder in lockerer Gruppe mit Stein verankert). Vermehrung durch Stecklinge.

Gemeines Hornkraut

Gehörnter Hornfarn

### Gehörnter Hornfarn
*Ceratopteris cornuta*

Prädikat „sehr empfehlenswert“, weil dieser Farn vielfältig nützt: als Nährstoff zehrende und Algen hemmende Schwimmpflanze (auch eingepflanzt), Ablaichsubstrat und - die dichten Wurzelbüsche - als Unterstand und Versteck.

**Heimat**: Tropische Zonen
**Höhe**: 25-40 cm; Sol
**Pflege**: Sehr anpassungsfähig an Aquarienbedingungen. Deckscheiben sollten nicht zu dicht schließen. Temperatur 20-28 °C. Vermehrung: bilden Sporen und am Blattrand Jungpflanzen.

### Sumatrafarn
*Ceratopteris thalictroides*

Ebenso beliebt und attraktiv (formenreiche Blätter) wie die zuvor beschriebene Art. In großen Aquarien wächst sie auch eingepflanzt zu stattlichen Exemplaren heran, wenn man sie wuchern lässt.
**Heimat**: Tropen
**Höhe**: 15-30 cm; Sol
**Pflege**: Wie vorherige Art. Vermehrung durch Adventivpflanzen aus Blättern.

### Dauerwellen-Hakenlilie
*Crinum calamistratum*

Diese Zwiebelpflanze wirkt mit ihren schmalen gewellten Blättern in hohen Becken am besten.
**Heimat**: Kamerun
**Höhe**: 40-100 cm; Sol, M
**Pflege**: Bei guter Strömung und herkömmlicher Beleuchtung wächst sie im weichen bis mittelharten Wasser, pH 6-7,5 und 22-28 °C. $CO_2$-Düngung ist von Vorteil. Vermehrung über Brutzwiebeln.

### Flutende Hakenlilie
*Crinum natans*

Eine attraktive Schmuckpflanze für offene, hohe Becken, aus denen sie sogar blühen kann.
**Heimat**: Kamerun, Gabun
**Höhe**: 50 bis über 100 cm; Sol

Der Sumatrafarn ist ein auffälliger Blickfang.

Dauerwellen-Hakenlilie

Flutende Hakenlilie

**Pflege**: Kommt mit herkömmlicher Beleuchtung aus. Weiches bis mittelhartes Wasser, pH 6-7,5, 22-28 °C und $CO_2$-Düngung lassen sie gut wachsen. Zwiebel nur zu zwei Dritteln mit Substrat bedecken. Bildet Brutzwiebeln.

## Thailändische Hakenlilie *Crinum thaianum*

Das prächtige und harte Knollengewächs gedeiht gut in großen Becken (über 50 cm Höhe). Es wird kaum von Fischen angefressen. Die Blüten duften ganz lieblich.
**Heimat**: Südthailand
**Höhe**: 50 bis über 100 cm; Sol
**Pflege**: Relativ anspruchslos, kommt sie mit weichem bis mittelhartem Wasser, pH 6-8 und 20-28 °C gut zurecht. Zwiebel nur zu zwei Dritteln einpflanzen. Vermehrung: Tochterzwiebel oder Samen.

## Härtels Wasserkelch *Cryptocoryne affinis*

Obwohl diese wunderschöne Pflanze (gibt es in verschiedenen Farbtönen und Blattstrukturen) zu unseren ältesten Aquarienpflanzen gehört, ist sie heutzutage buchstäblich aus der Mode gekommen.
**Heimat**: Malaiische Halbinsel
**Höhe**: 15-25 cm; Gruppe, V, M
**Pflege**: Kommt mit herkömmlicher Beleuchtung, mittelhartem Wasser, pH-Werten von 6,5-7,5 und einer Temperatur von 20-26 °C gut aus. Vermehrung im Aquarium durch Ausläufer.

Thailändische Hakenlilien vor dem Versand

Härtels Wasserkelch

**Weißlicher Wasserkelch: grün- und rotblättrig am Naturstandort**

## Weißlicher Wasserkelch *Cryptocoryne albida*

Diesen attraktiven Wasserkelch gibt es rotbraun- und grünblättrig. Im natürlichen Biotop wachsen beide Farbschläge dicht an dicht nebeneinander.
**Heimat**: Südthailand, Birma
**Höhe**: 5-15 cm; Gruppe V, M
**Pflege**: Der Weißliche Wasserkelch sollte unbeschattet stehen. Weiches bis mittelhartes Wasser, ein pH-Wert von 5,5-7,5 und eine Temperatur von 20-26 °C sagen ihm am meisten zu. Ein eisenhaltiger Bodengrunddünger wirkt vorteilhaft. Vermehrung im Aquarium durch Ausläufer.

## Aponogeton-blättriger Wasserkelch *Cryptocoryne aponogetifolia*

Für große Aquarien ist diese wuchsfreudige Art besser geeignet als für kleine Becken. Ähnlich in Wuchs und Attraktivität ist *C. usteriana*, die, wie *C. hudoroi*, besser für niedrige Aquarien (bis 40 cm) geeignet ist.
**Heimat**: Philippinen
**Höhe**: 50-100 cm; Gruppe H
**Pflege**: Bei herkömmlichem Licht, mittelhartem bis hartem Wasser und pH-Werten von 7-8 sowie Temperaturen von 20-28 °C wächst sie gut. Im Aquarium erfolgt die Vermehrung durch Ausläufer.
Zur vollen Schönheit wächst dieser Wasserkelch erst heran, wenn man ihm viel Platz bietet und das Becken so hoch ist, dass sich die Blätter nicht überlappen müssen.

## Becketts Wasserkelch *Cryptocoryne beckettii*

Das Rotbraun ihrer hübschen Blätter sowie ihr guter Wuchs machen sie, wie die meisten Wasserkelche aus Sri Lanka, zur begehrten Aquarienpflanze. Im Handel wird eine weitere kleine Cryptocoryne mit gewellten Blättern unter dem Namen *C. bekettii* „petchii" angeboten.

**Aponogeton-blättriger Wasserkelch**

Becketts Wasserkelch

**Heimat**: Sri Lanka
**Höhe**: 15-20 cm; Gruppe V, M
**Pflege**: Becketts Wasserkelch wächst bei herkömmlichem Licht, weichem bis mittelhartem Wasser, pH-Werten von 6-7,8 und Temperaturen von 20-28 °C. Eisenhaltiger Bodengrunddünger ist vorteilhaft. Die Vermehrung im Aquarium ist durch Ausläufer möglich.

### Gewimperter Wasserkelch *Cryptocoryne ciliata*

Diese langsam wachsende Schönheit zeichnet sich durch ihre Robustheit aus. Sie gedeiht auch im sogenannten Brackwasseraquarium oder einem Paludarium (Aqua-Terrarium).

**Heimat**: Südostasien
**Höhe**: bis 50 cm; S, H
**Pflege**: Viel Licht, mittelhartes bis hartes Wasser, pH-Werte von 6,5-8 und Temperaturen von 22-26 °C sowie ein nährstoffreicher Bodengrunddünger sagen dem Gewimperten Wasserkelch zu. Die Vermehrung im Aquarium erfolgt durch Ausläufer (auch am Rhizom).

### Herzblättriger Wasserkelch *Cryptocoryne cordata*

Ihre Blattfärbung reicht von sattem Grün bis Rotbraun und macht sie ebenso wie ihre Wuchsfreudigkeit zur begehrten Aquarienpflanze. Sie wird auch als *C. siamensis* oder *C. blassii* (kupferfarbig) angeboten. Darüber hinaus gibt es die seltene *C. cordata* „rosanervig" mit gelblicher bzw. rosaroter Nervatur.

**Heimat**: Südthailand bis Westmalaysia
**Höhe**: 25-40 cm; S, H
**Pflege**: Etwas abschattiert gepflanzt, gedeiht der Herzblättrige Wasserkelch bei weichem bis mittelhartem Wasser, pH-Werten von 5,5-7,5 und Temperaturen von 23-27 °C sowie einem eisenhaltigen Bodengrunddünger am besten. Die Vermehrung im Aquarium erfolgt durch Ausläufer.

Gewimperter Wasserkelch

Herzblättriger Wasserkelch

Grasblättriger Wasserkelch

**Grasblättriger Wasserkelch**
***Cryptocoryne crispatula***

Von dieser Art gibt es einige Varietäten. Für die Aquarienkultur drängt sich die genoppte var. *balansae* für große Becken geradezu auf.
**Heimat**: Thailand, Laos, Vietnam und Südchina
**Höhe**: 20-60 cm; Gruppe, S, H
**Pflege**: Bei herkömmlichem Licht und leichter Strömung in mittelhartem bis hartem Wasser, bei pH-Werten von 7-8 und Temperaturen von 20-28 °C gedeiht sie gut. Vermehrung im Aquarium durch Ausläufer.

**Kleiner Wasserkelch**
***Cryptocoryne parva***

Für den Cryptocorynenfreund eignet sich der kleinste der Wasserkelche hervorragend. Er bildet, wenn auch langsam, einen hübschen Rasen.
**Heimat**: Sri Lanka
**Höhe**: 5-10 cm; Gruppe, V
**Pflege**: Diese lichthungrige Pflanze ist unbeschattet zu pflanzen. Sie wächst im weichen bis mittelharten Wasser, bei pH-Werten von 6-7,5 und Temperaturen von 22-28 °C nahezu problemlos. Vermehrung im Aquarium durch Ausläufer.

**Gewellter Wasserkelch**
***Cryptocoryne undulata***

Wertvoll, weil sie wie die meisten Cryptocorynen aus Sri Lanka gut wüchsig und nahezu problemlos zu pflegen ist.
**Heimat**: Sri Lanka
**Höhe**: 10-25 cm; Gruppe, V, M
**Pflege**: Nicht zu eng setzen. 5-7 cm Abstand zwischen den Pflanzen halten. Wächst bei herkömmlichem Licht, in weichem bis mittelhartem Wasser, bei pH-Werten von 6-7,5 und Temperaturen von 22-26 °C. Vermehrung im Aquarium durch Ausläufer.

**Wendts Wasserkelch**
***Cryptocoryne wendtii***

Das Prädikat „besonders wertvoll, attraktiv und gut

Kleiner Wasserkelch

Gewellter Wasserkelch

**Wendts Wasserkelch (normale und rotbraune Variante)**

wüchsig" trifft für diese *Cryptocoryne* und ihre Blatt- und Farbvarianten zu. Es ist zu beobachten, dass unter Aquarienbedingungen oft ein- und dieselbe Cryptocorynen-Art unterschiedliche Blattformen und -farben hervorbringt.
**Heimat**: Sri Lanka
**Höhe**: 10-30 cm; Gruppe, V, M
**Pflege**: Sie kommen mit nahezu jedem Lichtangebot, weichem bis mittelhartem Wasser, pH-Werten von 5,5-8 und Temperaturen von 20-28 °C bestens zurecht. Vermehrung im Aquarium durch Ausläufer.

## Willis Wasserkelch *Cryptocoryne x willisii*

Dieses hübsche Kleinod wird hin und wider auch als *C. nevillii oder C. lucens* gehandelt. Es eignet sich besonders gut für niedrige Aquarien, insbesondere als Rasen im Vordergrund.
**Heimat**: ursprünglich Sri Lanka
**Höhe**: 5-15 cm; Gruppe V
**Pflege**: Sie braucht einige Zeit zur Eingewöhnung. Liebt viel Licht, weiches bis mittelhartes Wasser, einen pH-Wert von 6-7,5 und Temperaturen von 22-28 °C. Vermehrung im Aquarium durch Ausläufer. Wie alle Cryptocorynen sollte man sie keinerlei Schock aussetzen.

## Amerikanische Bachburgel *Didiplis diandra*

Tolle Kontrastpflanze, die vor dunkelgrünen breiten Blättern besonders gut wirkt. Zeigt bei optimalem Licht rötliche Triebspitzen.
**Heimat**: Nordamerika
**Höhe**: 10-15 cm; Gruppe, V, M
**Pflege**: Beim Pflanzen Stängel nicht quetschen! Abstand innerhalb der Gruppenpflanzung 5 cm. Braucht viel Licht, $CO_2$-Düngung,

**Willis Wasserkelch**

Amerikanische Bachburgel

Blehers Schwertpflanze (rechts im Hintergrund)

weiches bis mittelhartes Wasser, einen pH-Wert von 6-7,5 und Temperaturen von 20-26 °C. Vermehrung durch Seitensprosse.

### Blehers Schwertpflanze *Echinodorus bleheri*

Nomen est omen: „Amazonas"- Schwertpflanzen vermitteln dem Aquarianer ein Gefühl besonderer Exotik (obwohl viele der Arten in anderen Fluss-Systemen Südamerikas vorkommen). Eines haben sie gemeinsam: Sie sind, wie die beschriebene Art, begeisternd schön, vielgestaltig, farbig (im Handel gibt es überaus bunte Zuchtformen) und gut wüchsig. Wohl deshalb sind sie aus unseren Aquarien nicht mehr wegzudenken.
**Heimat**: Südamerika
**Höhe**: 40-60 cm; Sol, M, H; X
**Pflege**: Wächst bei herkömmlichem Licht, in weichem bis mittelhartem Wasser, mit Bodengrunddüngung, pH-Werten von 5,5-7,5 und Temperaturen von 22-28 °C in großen Becken zu wahren Prachtexemplaren heran. Wird auch als „paniculatus" angeboten. Vermehrung durch Adventivpflanzen an Blütenstängeln und Blütentrieben.

### Herzblättrige „Amazonas" *Echinodorus cordifolius*

In großen (offenen) Aquarien kann sie sich zur wahren Pracht entfalten und auch über den Wasserspiegel hinauswachsen. Für kleinere Becken ist die var. *E.cordifolius* „Ovalis" besser geeignet.
**Heimat**: östliche USA, Mexiko, nördliches Südamerika
**Höhe**: bis 100 cm; „Ovalis" bis 40 cm
**Pflege**: Als Solitär bei herkömmlicher Beleuchtung, weichem bis mittelhartem

Herzblättrige „Amazonas"

Grisebachs Schwertpflanze

Wasser, pH-Werten von 6-8, Temperaturen von 20-28 °C. Vermehrung durch Adventivpflanzen an Blütentrieben. Sie lassen sich, wenn sie 3-5 Blätter haben, gut abnehmen.

### Grisebachs Schwertpflanze *Echinodorus grisebachii*

Diese klein bleibende und äußerst attraktive Pflanze eignet sich für niedere und kleinere Aquarien besonders gut.
**Heimat**: Mittel- und Südamerika
**Höhe**: 10-20 cm; Gruppe, M
**Pflege**: Viel Licht und unbeschatteter Standort, weiches bis mittelhartes Wasser, pH-Werte von 6-7,5 und Temperaturen von 22-28 °C. Bodengrund- und $CO_2$-Düngung lassen sie gut wachsen. Die Vermehrung erfolgt im Aquarium über Adventivpflanzen an Blütenstielen.

### Großblättrige Schwertpflanze *Echinodorus macrophyllus*

In großen, am besten offenen Becken wirken die variablen Blätter der früheren *radicans* über dem Wasserspiegel etwas derb und geradezu „barock".
**Heimat**: Nicaragua, Venezuela bis Argentinien
**Höhe**: 30-60 cm; Sol, H
**Pflege**: Wenn man nicht länger als 10-11 Stunden herkömmlich beleuchtet, bleibt sie etwas gestauchter im Wuchs. Weiches bis mittelhartes Wasser, $CO_2$-Düngung, pH-Werte von 5,5-8 und Temperaturen von 20-28 °C lassen sie gut wachsen. Vermehrung über Adventivpflanzen an Blütenstielen.

### Gewelltblättrige Schwertpflanze *Echinodorus martii*

Diese prächtige Pflanze mit ihren gewellten hellgrünen Blättern ist eine wahre Augenweide in jedem Aquarium über 30 cm Höhe. Sie wird manchmal auch als *Echinodorus major* angeboten.
**Heimat**: östliches Brasilien
**Höhe**: 30-45 cm; Sol, H
**Pflege**: Bei herkömmlicher Aquarienbeleuchtung, weichem bis mittelhartem Wasser, pH-Werten von 6-8, Temperaturen von 20-28 °C wächst sie mit Bodengrund- und eisenhaltigem Tagesdünger sowie $CO_2$-Gaben sehr gut. Die Vermehrung dieser Schwertpflanze erfolgt über Adventivpflanzen an Blütenstielen.

Großblättrige Schwertpflanze

Gewelltblättrige Schwertpflanze

Kleinblütige Schwertpflanze

## Gefleckte Amazonaspflanze *Echinodorus „Ozelot"*

Bei der Vermehrung von *Echinordorus*-Arten entstanden diverse Varianten und Sorten mit rot/gelb gefleckten Blättern (Bild Seite 21). So auch die aus *E. schlueteri* „Leopard" und *E. x barthii* entstandene „Ozelot" (rotbraun).
**Höhe**: 20-40 cm; S
**Pflege**: Sie braucht viel Licht, 22-28 °C, pH 6-7,5, mittelhartes Wasser und $CO_2$-Düngung für guten Wuchs.

## Kleinblütige Schwertpflanze *Echinodorus parviflorus*

Sie passt in jedes Aquarium, wächst ausgezeichnet, ist hübsch und deshalb zu Recht überaus beliebt (vor allem ihre noch besser wüchsige var. „Tropica"). Auch zur Erstbepflanzung geeignet.
**Heimat**: Peru, Bolivien
**Höhe**: 10-25 cm; zu mehreren, V, M; X
**Pflege**: Wächst bei herkömmlichem Licht, weichem bis hartem Wasser, pH-Werten von 6-8, $CO_2$-Düngung und Temperaturen von 20-28 °C gleichermaßen gut. Vermehrung über Adventivpflanzen an Blütenstängeln.

## Zwergschwertpflanze *Echinodorus quadricostatus*

Rasenbildend, zierlich und deshalb für niedere bis mittelhohe Becken hervorragend geeignet. Wird im Handel auch als *E. bolivianus oder E. magdalenensis* angeboten.
**Heimat**: Mittel- bis Südamerika
**Höhe**: 10-15 cm; Gruppe, V; X

Zwergschwertpflanze im Biotop in Kolumbien

Grasartige Schwertpflanze

Nixkrautähnliche Wasserpest

Argentinische Wasserpest

**Pflege**: Um gut zu gedeihen, braucht sie viel Licht, eisenhaltigen Bodengrund- und $CO_2$-Dünger. Weiches bis mittelhartes Wasser, pH-Werte von 6-8 und Temperaturen von 22-26 °C sagen ihr zu. Vermehrung im Aquarium durch Ausläufer.

## Grasartige Schwertpflanze
## *Echinodorus tenellus*

Ihr grasähnlicher und zierlicher Wuchs macht sie zu Recht zur begehrten Aquarienpflanze.
**Heimat**: von Nord- bis Südamerika
**Höhe**: 5-8 cm; Rasen, V
**Pflege**: Sehr lichthungrig. Muss besonders in höheren Becken unbeschattet gepflanzt werden. $CO_2$- und Eisendüngung sind wichtig. Wächst im weichen bis mittelharten Wasser bei pH-Werten von 5,5-7,5 und Temperaturen von 22-26 °C am besten. Vermehrung durch Ausläufer.

## Argentinische Wasserpest
## *Egeria densa*

Zwei Seelen wohnen auch in meiner Brust, wenn es um diese altbekannte, wuchsfreudige Art geht. Zum einen bringt sie alles mit, was sie zur empfehlenswerten Aquarienpflanze macht. Andererseits ist sie aber (entgegen anders lautender Empfehlungen) nicht für eine Erstbepflanzung kleiner Becken ohne $CO_2$-Düngung und über 25 °C geeignet.
**Heimat**: Südamerika; von dort weltweit verschleppt
**Höhe**: bis 100 cm; Gruppe, H, S
**Pflege**: Wächst bei herkömmlicher Beleuchtung, weichem bis hartem Wasser, pH-Werten von 6,5-8 und Temperaturen von 15-25 °C üppig. Vermehrung durch Teilung der Sprosse.

## Nixkrautähnliche Wasserpest
## *Egeria najas*

Für unser Warmwasseraquarium empfehlenswert. Ihre sattgrünen Blattquirle machen sie zum attraktiven Unterwasserschmuck.
**Heimat**: Südamerika

Pflanzen wie die Nadelsimse brauchen Eisen.

**Höhe**: bis 70 cm; Gruppe, H, S
**Pflege**: Bei gutem Licht, mittelhartem bis hartem Wasser, pH-Werten von 6,5-8 und Temperaturen von 18-26 °C gedeiht sie sehr gut. Vorsicht beim Pflanzen: Stängel nicht quetschen und 3-5 cm Abstand halten. Vermehrung über abgetrennte Sprosse.

### Nadelsimse
### *Eleocharis acicularis*

Grasähnlich und zierend überzieht sie bei besten Wachstumsbedingungen schnell den Bodengrund.
**Heimat**: Kosmopolit
**Höhe**: 10-15 cm; Gruppe, V
**Pflege**: Diese lichthungrige Pflanze wächst in unbeschatteten niederen Aquarien, bei weichem bis hartem Wasser, in eisenhaltigem Bodengrund, bei pH-Werten von 6-7,5 und Temperaturen von 18-25 °C sowie $CO_2$-Düngung am besten. Vermehrung durch Ausläufer.

Zierliches Perlenkraut

Australisches Zungenblatt

### Australisches Zungenblatt
### *Glossostigma elatinoides*

Dieses hübsche rasenbildende Pflänzchen hat erst in letzter Zeit durch japanische Aquarianer einen höheren Stellenwert im Warmwasseraquarium erreicht.
**Heimat**: Australien, Neuseeland
**Höhe**: 2-3 cm; Gruppe, V
**Pflege**: Diese lichthungrige Pflanze darf nicht beschattet oder von Mulm bedeckt werden. Bei weichem Wasser, pH 5,5-7,5, 20-26 °C ist der Wuchs zufriedenstellend. Vermehrung durch kriechende Sprosse.

Falscher Wasserfreund

### Falscher Wasserfreund
### *Gymnocoronis spilanthoides*

Sie empfiehlt sich durch ihre hellgrünen Blätter als Kontrast und durch leichten Wuchs für genügend große Aquarien.
**Heimat**: Südamerika
**Höhe**: 30-60 cm; Gruppe, S, H
**Pflege**: Die lichthungrige Pflanze sollte man unbeschattet und abgestuft pflanzen. Sie wächst bei weichem bis hartem Wasser, pH-Werten von 6-8 und Temperaturen von 15-28 °C gleichermaßen gut. Vermehrung durch Stecklinge.

### Zierliches Perlenkraut
### *Hemianthus micranthemoides*

Dieses quirlblättrige Kleinod ziert besonders vor dunkelgrünen Gewächsen in

Aquarien und Paludarien.
**Heimat**: Ostküste der USA
**Höhe**: 5-15 cm; Gruppe, V, M
**Pflege**: Sie ist sehr lichthungrig und sollte unbeschattet in weichem bis hartem Wasser, bei pH-Werten von 6-8 und Temperaturen von 22-26 °C gepflegt werden. $CO_2$-Düngung ist angebracht. Nicht mit ruppigen Fischen zusammensetzen. Vermehrung über kriechende Sprosse.

### Seegrasblättriges Trugkölbchen *Heteranthera zosterifolia*

Diese zarte Pflanze wirkt als Gruppe ganz zauberhaft.
**Heimat**: Südamerika
**Höhe**: 30-50 cm; Gruppe, S, M

Riesenwasserfreund

Seegrasblättriges Trugkölbchen

**Pflege**: Dieses lichthungrige Gewächs muss man abgestuft pflanzen und regelmäßig so einkürzen, dass die ganze Pflanze immer im vollen Licht steht. Im weichen bis mittelharten Wasser, bei pH-Werten von 6-7,5 und Temperaturen von 22-27 °C sowie $CO_2$-Düngung gedeiht sie optimal. Vermehrung durch Sprosse.

### Brasilianischer Wassernabel *Hydrocotyle leucocephala*

Sowohl als buschige Gruppe gepflanzt als auch frei im Wasser rankend stellt sie einen attraktiven Blickfang dar.
**Heimat**: Mexiko bis Argentinien
**Höhe**: 5-15 cm; Gruppe, S, H; X
**Pflege**: Wächst bei herkömmlichem Licht, weichem bis hartem Wasser, pH-Werten von 6-8 und Temperaturen von 18-28 °C nahezu problemlos. Vermehrung durch abgetrennte Seitentriebe und Spross-Spitzen.

Brasilianischer Wassernabel

### Riesenwasserfreund *Hygrophila corymbosa*

Ihre hervorragende Wuchsfreudigkeit macht sie genauso beliebt wie ihre Variabilität der Blätter (von schmal bis breit) und der Blattfärbung. Es gibt eine ganze Anzahl von Sorten. Blühen problemlos über Wasser.
**Heimat**: Südostasien
**Höhe**: 20-50 cm; M, S, H; X
**Pflege**: Wachsen bei herkömmlicher Beleuchtung sehr gut in mittelhartem bis hartem Wasser, bei pH-Werten von 6-8 und Temperaturen von 20-28 °C. Vermehrung durch Seitensprosse und Kopfstecklinge.

Indischer Wasserstern

## Indischer Wasserstern
## *Hygrophila difformis*

Er ist meines Erachtens „die“ Aquarienpflanze schlechthin: wunderschön in Blattform und Farbe, ausgesprochen wuchsfreudig und überall zu haben!
**Heimat**: Südostasien
**Höhe**: 20–50 cm; M, S, H; X
**Pflege**: Bei herkömmlicher Beleuchtung wächst sie willig in weichem bis hartem Wasser, bei pH-Werten von 5–8 und Temperaturen von 22–28 °C. Abgestuft pflanzen und über Seitensprosse und Kopfstecklinge vermehren.

## Indischer Wasserfreund
## *Hygrophila polysperma*

Ebenso wuchsfreudig wie einfach zu pflegen ist diese hübsche Pflanze. Es gibt sie in unterschiedlichen Blattformen und Tönungen („rosa-nervig“).
**Heimat**: Indien, Buthan
**Höhe**: 20–40 cm; M, S, H; X
**Pflege**: Wächst bei herkömmlicher Beleuchtung in weichem bis hartem Wasser bei pH-Werten von 6–8 und Temperaturen von 22–28 °C recht schnell. Vermehrung über Seitensprosse und Kopfstecklinge. Selbst aus abgetrennten Blättern können sich neue Pflanzen entwickeln.

## Brasilianische Graspflanze
## *Lilaeopsis brasiliensis*

Der Wirkung eines Rasens im Aquarium kann man sich kaum entziehen. Wur-

Indischer Wasserfreund

Brasilianische Graspflanze

de früher als *L. novae-zelandiae* verkauft.
**Heimat**: Brasilien, Paraguay, Argentinien
**Höhe**: 4-7 cm; Rasen, V
**Pflege**: Bei sehr guten Lichtverhältnissen und möglichst unbeschattet wächst sie in weichem bis hartem Wasser bei pH-Werten von 6-8 und Temperaturen von 18-26 °C zwar langsam, aber zufriedenstellend. Vermehrung durch Ausläufer.

### Südamerikanischer Froschbiss *Limnobium laevigatum*

Wer Schwimmpflanzen und offene Aquarien liebt, für den eignet sich diese wüchsige Art besonders gut.
**Heimat:** Mittel- bis Südamerika
**Höhe:** 1-5 cm; X
**Pflege:** Damit sie nicht zuviel Fläche bedeckt, 3-4 Pflanzen in einem Teichfutterring platzieren. Wächst im weichen bis mittelharten Wasser, bei pH-Werten von 6 bis 8 und Temperaturen von 18 bis 28 °C problemlos. Schwitzwasser vermeiden. Vermehrung durch Ausläufer.

### Riesen-Sumpffreund *Limnophila aquatica*

Ihre zarten, aber ungemein zierenden Blattquirle kommen in höheren Aquarien

**Riesen-Sumpffreund**

(über 40 cm) am besten zur Geltung.
**Heimat:** Sri Lanka, Vorder-Indien
**Höhe:** 25-50 cm; Gruppe, S, H
**Pflege:** Sie braucht einen unbeschatteten Standort und viel Licht. $CO_2$- und Bodengrunddüngung, weiches bis mittelhartes Wasser, pH-Werte von 5 bis 7,5 sowie Temperaturen von 22 bis 28 °C lassen sie optimal wachsen. Vermehrung durch Ausläufer oder abgetrennte Sprosse.

### Blütenstielloser Sumpffreund *Limnophila sessiliflora*

Wie die ebenfalls prächtigen *L.indica* und *L. heterophylla* wächst diese Art im Aquarium ausgezeichnet.

**Blütenstielloser Sumpffreund**

**Heimat:** Südostasien
**Höhe:** 15-40 cm; Gruppe, S, H; X
**Pflege:** Mit herkömmlicher Beleuchtung, $CO_2$- und Bodengrunddüngung wächst sie im weichen bis mittelharten Wasser bei pH-Werten von 5,5-7,5 und Temperaturen von 20-26 °C zu stattlichen Gruppen heran. Vermehrung durch abgetrennte Sprosse.

**Südamerikanischer Froschbiss**

Kardinalslobelie

Kriechende Ludwigie

**Kardinalslobelie**
***Lobelia cardinalis***

Sowohl untergetaucht als sogenannte Straße abgestuft gepflanzt, wie auch über Wasser wachsend und kardinalrot blühend, eignet sich diese Pflanze fürs Aquarium und Paludarium.
**Heimat:** Nordamerika
**Höhe:** 20-30 cm; Gruppe, V, M
**Pflege:** Wer ihrem Lichthunger nachkommt, ihr weiches bis mittelhartes Wasser, pH-Werte von 6-8 und Temperaturen von 18-26 °C bietet, wird an der Kardinalslobelie im Aquarium viel Freude haben. Vermehrung über Stecklinge.

**Kriechende Ludwigie**
***Ludwigia repens***

Altbekannt und zu Recht überaus beliebt, gehören Ludwigien zu den Pflanzen für das Aquarium, die am häufigsten im Zoofachhandel angeboten werden.
**Heimat:** Mexiko, USA
**Höhe:** 30-50 cm; Gruppe, S, H
**Pflege:** Bei bestmöglichem Licht wachsen alle Wuchsformen in weichem bis mittelhartem Wasser bei pH-Werten von 6-7,5 und 18-26 °C sehr gut. Vermehrung durch Sprosse.

**Javafarn**
***Microsorum pteropus***

Nahezu unverzichtbar ist dieser wunderschöne und überaus wuchsfreudige Farn für die Aquarienkultur. Besonders die neuen Zuchtformen „Tropica" und „Windeløv" erfreuen sich zunehmender Beliebtheit.
**Heimat:** Südostasien
**Höhe:** 15-30 cm; alle Zonen; X
**Pflege:** Auf Steine oder Holz aufgebunden, wachsen die Rhizome dieses Farns bei entsprechender Beleuchtung, weichem bis hartem Wasser, pH-Werten von 5,5-8 und Temperaturen von 18-28 °C gleichermaßen gut. Eine Vermehrung erfolgt durch Teilung der Rhizome oder mit Adventivpflanzen aus Blättern.

Javafarn: Zucht- und Naturform (glatte Blätter)

*M. aquaticum* Typ Schwartzii

### Brasilianisches Tausendblatt *Myriophyllum aquaticum*

Überaus beliebt sind die im Handel angebotenen Tausendblattarten trotz ihrer hohen Lichtansprüche und Empfindlichkeit.
**Heimat:** Südamerika
**Höhe:** bis 50 cm; Gruppe, S, H
**Pflege:** Viel Licht (besonders *M. tuberculatum*), absolut klares, weiches Wasser, pH-Werte von 5,5-7,5 und Temperaturen von 22-26 °C sowie eine $CO_2$-Düngung brauchen sie, um zufriedenstellend zu wachsen. Vermehrung durch Sprosse und Kopfstecklinge.

### Japanische Teichmummel *Nuphar japonica*

Als unübersehbarer Blickfang wirkt dieses Kleinod mit seinen hellgrünen, pfeilförmigen Unterwasserblättern in großen Aquarien am besten.
**Heimat:** Japan
**Höhe:** 25-80 cm; Sol, M
**Pflege:** Unbeschattet will diese Schönheit in weichem bis hartem Wasser bei pH-Werten von 6-8 und Temperaturen von 15-26 °C wachsen. Vermehrung mit Samen (die Pflanze blüht über Wasser).

Japanische Teichmummel

### Weiße Lotusblume *Nymphaea lotus*

Auch für den erfahrenen Aquarianer ist die Seerosenpflege eine echte Herausforderung. Neben den grünblättrigen Arten wirkt die dunkelrote Tigerlotus *N.l. zenkeri* am auffälligsten.
**Heimat:** Westafrika
**Höhe:** 20-80 cm; S
**Pflege:** Einen freien, unbeschatteten Platz, intensive Beleuchtung, weiches bis mittelhartes Wasser, pH-Werte von 5-7,5 und Temperaturen von 22-28 °C brauchen sie, um gut zu wachsen und über Wasser zu blühen. Wenn man die Schwimmblätter regelmäßig entfernt, kann man sie relativ lange unter Wasser pflegen. Vermehrung durch Ausläufer.

Rote Tigerlotus als Blickfang

Teichlebermoos, auf Lavastein aufgebunden

### Teichlebermoos
### *Riccia fluitans*

Zunehmend wird diese ursprüngliche Schwimmpflanze (wertvolles Laichsubstrat) mit Angelsehne auf Steinen oder Wurzeln „aufgebunden" angeboten, die im Aquarium wie eine japanische Bonsai-Landschaft wirken. Als Schwimmpflanzen sollte man sie in einem sog. Futterring pflegen.
**Heimat:** Kosmopolit
**Höhe:** bis 1 cm; im Tuff; X
**Pflege:** Je mehr Licht geboten wird, desto besser wird sie bei weichem bis hartem Wasser, pH-Werten von 5,5-8 und Temperaturen von 20-27 °C wachsen. $CO_2$-Gaben sind vorteilhaft. Vermehrung durch Teilung der dichten Polster.

### Rotweiderich
### *Rotala macrandra*

Auf Grund ihrer intensiven Rotfärbung ist diese diffizile Schönheit äußerst begehrt. Beim Kauf ist darauf zu achten, dass die Stängel und Blätter möglichst unversehrt sind.
**Heimat:** Südindien
**Höhe:** 25-55 cm; Gruppe, M, Sol
**Pflege:** Nur wenn man ihr viel Licht, $CO_2$- und Eisendüngung, weiches Wasser, pH-Werte von 5,5-7,2 sowie leichte Strömung bietet und sie so einsetzt, dass die Pflanze nicht gedrückt wird und ihre Blätter sich nicht berühren, wird man auf Dauer Erfolg haben. Vermehrung durch Seitentriebe.

Rotweiderich

### Rundblättrige Rotala
### *Rotala rotundifolia*

Ebenso hübsch, aber weit weniger empfindlich ist diese *Rotala*.
**Heimat:** Südostasien
**Höhe:** 40-60 cm; Gruppe, S, H; X
**Pflege:** Sie kommt mit herkömmlichem Licht (je mehr Licht, desto mehr färben sich die Blätter rot), weichem bis hartem Wasser,

Rundblättrige Rotala

Feinblättrige Rotala

pH-Werten von 6-8 und Temperaturen von 18-28 °C gut aus. Vermehrung durch Kopfstecklinge oder Seitentriebe.

### Feinblättrige Rotala
### *Rotala wallichii*

Als Kontrast vor hellgrünen Pflanzen wirkt diese zartblättrige Schönheit.

**Heimat:** Südostasien
**Höhe:** 10-30 cm; Gruppe, Sol
**Pflege:** Wie die meisten roten Pflanzen ist auch sie besonders lichthungrig. In weichem bis mittelhartem Wasser, bei pH-Werten von 5-7,2 und Temperaturen von 20-28 °C hat man die besten Erfolge. $CO_2$-Düngung ist angeraten. Die Vermehrung erfolgt durch Seitentriebe.

### Breitblättriges Pfeilkraut
### *Sagittaria platyphylla*

Flächendeckend wirkt es im Vordergrund unseres Aquariums (ähnlich wie *S. graminea*) als grüner Rasen.
**Heimat:** USA, Mittelamerika
**Höhe:** 15-40 cm; Gruppe, V, M; X
**Pflege:** Es kommt mit herkömmlichem Licht aus, wächst in weichem bis mit-

Breitblättriges Pfeilkraut

Kleines Pfeilkraut (Rasen)

telhartem Wasser bei pH-Werten von 6-7,5 und Temperaturen von 20-25 °C. Bodengrunddüngung ist wichtig. Vermehrung durch Ausläufer.

### Kleines Pfeilkraut
### *Sagittaria subulata*

Grasähnlich (rasenbildend), ungemein zierend und gut wüchsig ist es für jegliches Aquarium zu empfehlen.
**Heimat:** östliche USA bis Südamerika
**Höhe:** 5-50 cm; Gruppe, V, M; X
**Pflege:** Unbeschattet und im Abstand von 5-7 cm

**Biwa-See-Vallisnerie**

**Eidechsenschwanz**

pflanzen. Wächst im weichen bis harten Wasser, bei pH-Werten von 6-8 und Temperaturen von 18-28 °C sehr gut. Vermehrung durch Ausläufer.

### Eidechsenschwanz
### *Saururus cernuus*

Vor rotlaubigen Pflanzen und als Straße abgestuft gepflanzt, wirken sie als Blickfang.
**Heimat:** östliches Nordamerika
**Höhe:** 15-30 cm; M, S
**Pflege:** Je mehr Licht zur Verfügung steht, desto kürzer bleiben sie. Wachsen in weichem bis hartem Wasser, bei pH-Werten von 6-8 und Temperaturen von 18-25 °C zufriedenstellend. Vermehrung durch Verzweigung der Rhizome und Abtrennen der Seitensprosse bzw. Spross-Spitzen.

**Mexikanisches Eichenblatt**

### Mexikanisches Eichenblatt
### *Shinnersia rivularis*

Schnellwüchsig, apart im Blatt und für hohe Aquarien als Erstbepflanzung bestens geeignet.
**Heimat:** Nördliches Mexiko
**Höhe:** 40-50 cm; Gruppe, H; X
**Pflege:** Stillt man ihren Lichthunger und pflegt sie im weichen bis harten Wasser, bei pH-Werten von 6-8 sowie Temperaturen von 18-30 °C, dann sollte man sie regelmäßig einkürzen (nicht verkahlen lassen) und mit Stecklingen vermehren.

### Biwa-See-Vallisnerie
### *Vallisneria americana var. biwaensis*

Sowohl die schraubenförmig gedrehten Blätter als

Riesen-Vallisnerie

auch ihr sattes Grün lassen uns etwas vom Zauber tropischer Wasserpflanzen erahnen. Ihre Wuchsfreudigkeit macht Vallisnerien besonders begehrenswert.
**Heimat:** Südostasien (Japan)
**Höhe:** 20-40 cm; Gruppe, S, H; X
**Pflege:** Gutes Licht, weiches bis hartes Wasser, pH-Werte von 6-8 und Temperaturen von 20-28 °C lassen sie gut wachsen. $CO_2$-Düngung ist zu empfehlen. Vermehrung durch Ausläufer.

## Riesen-Vallisnerie *Vallisneria gigantea*

Nomen est omen: Diese Vallisnerie kann recht lang werden und ihre auf dem Wasserspiegel flutenden Blätter nehmen den anderen Pflanzen Licht weg. In genügend hohen Becken ist sie aber ein wahres Schmuckstück.
**Heimat:** Asien
**Höhe:** bis 100 cm; Gruppe, H; X
**Pflege:** Wächst mit herkömmlichem Licht, mittelhartem bis hartem Wasser, pH-Werten von 7-8 und Temperaturen von 20-28 °C. Nährstoffreicher Bodengrund ist von Vorteil. Vermehrung durch Ausläufer.

## Schrauben-Vallisnerie *Vallisneria spiralis*

Neuaquarianer und „alte Hasen“ schätzen diese Pflanze wegen ihres guten und problemlosen Wuchses zu Recht; ebenso die kürzere Sorte „Tiger“.
**Heimat:** Südwestasien
**Höhe:** 30-50 cm; Gruppe, H, S; X
**Pflege:** Wächst mit herkömmlichem Licht, in weichem bis hartem Wasser, bei pH-Werten von 6-8 und Temperaturen von 18-28 °C gut. Gilt auch für die Form mit gedrehten Blättern. Vermehrung durch Ausläufer.

## Javamoos *Vesicularia dubyana*

Ideales dunkelgrünes Moos, das, dekorativ auf Wurzeln und Steinen aufgebunden, von großem Wert als Laichsubstrat, Unterschlupf und „Filter“ zugleich ist. Mit Steinen und Wurzeln, die mit Javamoos bedeckt sind, lassen sich wunderschöne Landschaften gestalten, in denen sich unsere Fische besonders geborgen fühlen.
**Heimat:** Sundainseln, Philippinen
**Höhe:** 5-20 cm; X
**Pflege:** Kommt mit herkömmlichem Licht, weichem bis hartem Wasser, pH-Werten von 5,5-8 und Temperaturen von 18-28 °C zurecht. Vermehrung im Aquarium durch Teilen des zu üppig gewordenen Polsters.

Schrauben-Vallisnerie

Javamoos

## ZUM WEITERLESEN

### BÜCHER

**Beck, Peter** und **Gerhard Brünner:** Neue Wasserpflanzenpraxis. Tetra 1990.

**Beck, Peter:** Aquarien-ABC. Kosmos, Stuttgart 1992.

**Beck, Peter:** Aquarium Grundkurs. Kosmos, Stuttgart 1998.

**de Wit, H.C.D.:** Aquarienpflanze. Ulmer, Stuttgart 1990.

**Horst, Kaspar:** Pflanzen im Aquarium. Ulmer, Stuttgart 1986.

**Jacobsen, N.:** Cryptocorynen. Kernen, Stuttgart 1982.

**Kasselmann, Christel:** Aquarien-Pflanzen. Ulmer, Stuttgart 1995.

**Mühlberg, H.:** Das große Buch der Wasserpflanzen. Dausien, Hanau 1980.

**Wendt, A.:** Die Aquarienpflanzen in Wort und Bild. Kernen, Stuttgart 1952.

**Windeløv, Holger:** Tropica Aquarium Plants. Egä/Dänemark.

### ZEITSCHRIFT

Aqua Planta (Arbeitskreis Wasserpflanzen im VDA)

## REGISTER

## BILDNACHWEIS

Fotos von Peter Beck (alle übrigen 53 Aufnahmen), Burkard Kahl (33, S. 1l, 2o, 5r, 5l, 11l, 16u, 23, 25u, 34ol, 34u, 35ul, 35ur, 36ul, 36ur, 37o, 38or, 39ol, 39or, 41u, 45ol, 46ol, 46u, 47u, 48u, 49ol, 50u, 52o, 53ol, 54or, 57o, 57m, Außenklappe oben, Innenklappe links oben ), Christel Kasselmann (38, S. 1r, 16o, 19, 32l, 34or, 35o, 36o, 37m, 37u, 38ol, 40ul, 41o, 42u, 43o, 44o, 44ur, 45or, 45u, 47o, 48o, 49or, 50ol, 50or, 51ol, 51or, 52m, 52u, 53or, 53u, 54ol, 55or, 56ul, 56ur, 58u, 59o, 59m, 59u, Innenklappe rechts unten) und Michael Prasuhn (6, S. 2u, 3, 4, 33, Außenklappe unten, Innenklappe rechts oben).

## IMPRESSUM

Umschlaggestaltung von Atelier Reichert, Stuttgart, unter Verwendung von 4 Aufnahmen von Christel Kasselmann (Hauptmotiv und Rückseite rechts) und Burkard Kahl.

Mit 130 Farbfotos und 1 Farbzeichnung.

Die Deutsche Bibliothek – CIP-Einheitsaufnahme
Ein Titelsatz für diese Publikation ist bei
Der Deutschen Bibliothek erhältlich


ISBN 3-440-07972-4
Redaktion: Angela Beck
Grundlayout: Atelier Reichert, Stuttgart
Gestaltung: Gisela Dürr, Nottuln
Satz: Atelier Krohmer, Dettingen/Erms
Printed in Germany / Imprimé en Allemagne
Druck und Buchbinder: Westermann Druck Zwickau GmbH, Zwickau

Extra

## SCHNELLE HILFE BEI PROBLEMEN

**Problem**: Wachstumsstillstand ohne erkennbare Schäden.
**Ursache**: Überalterte Bestände, Wasser zu alkalisch (basisch).
**Abhilfe**: Wasser testen (pH, KH). Bestand verjüngen. Regelmäßiger Teilwasserwechsel (20 %) und düngen.

**Problem**: Blätter zeigen raue (kalkige) Beläge und sehen „schmutzig" aus. Das Wachstum ist unbefriedigend.
**Ursache**: $CO_2$-Mangel.
**Abhilfe**: pH- und KH-Werte überprüfen und auf pflanzenfreundliche Werte (S. 29) einstellen. $CO_2$-Düngung installieren oder $CO_2$-Gaben erhöhen (nie über 40 mg/l).

**Problem**: Blätter haben glatt ausgestanzte Löcher oder zeigen Raspelspuren.
**Ursache**: Fraßstellen durch Fische und Schnecken oder Blattschaden.
**Abhilfe**: Verursacher ermitteln und Fische, Schnecken oder Pflanzen austauschen.

**Problem**: Fraß- oder Schadstellen an Überwasserblättern in offenen Aquarien.
**Ursache**: Blattläuse oder andere Schadinsekten.
**Abhilfe**: Blätter regelmäßig unter den Wasserspiegel drücken und die Insekten als Futter für die Fische ins Wasser spülen (Leckerbissen für Labyrinthfische, Hechtlinge oder Beilbauchfische). Keine Chemie!

**Problem**: Blätter werden gelblich, Stängel dünn und lang, nahezu kein Austrieb. Dauertest ist im blauen Bereich.
**Ursache**: Nährstoffmangel, zuwenig oder keine $CO_2$- Düngung, zu hoher pH- oder KH-Wert, faulender Bodengrund oder Lichtmangel.
**Abhilfe**: Genannte Parameter überprüfen und Mängel ab stellen.

**Problem**: Austrieb ist gegeben, die Blätter vergilben aber nach einigen Tagen deutlich. Dauertest ist aber im grünen Bereich.
**Ursache**: Eisenmangel (Fe-Test durchführen).
**Abhilfe**: Regelmäßig eisenhaltigen Tagesdünger einsetzen.

**Problem**: Besonders Cryptocorynen faulen an den Blatträndern und Stielen aus (oft innerhalb von wenigen Stunden). Manchmal zeigen sich kleine Löcher und ein Belag auf den Blättern.
**Ursache**: Wasser- oder Umsetzschock (zu schnelle Wasser- oder Temperaturveränderung) oder zu hohe Nitratwerte. Auch ein Lichtschock beim Auswechseln aller Lichtquellen zur gleichen Zeit ist möglich.
**Abhilfe**: Regelmäßig kleinere Wassermengen austauschen und pflanzenfreundliche Wasserwerte einstellen (S. 29). Wasseraufbereitungsmittel verwenden. Röhren nur nach und nach austauschen.

**Problem**: Blätter liegen flach auf dem Boden auf und wachsen nicht normal (Kümmerwuchs).
**Ursache**: Falsche Lichtfarbe (zuviel Blauanteil) oder unterdimensionierte Lichtquelle.
**Abhilfe**: Röhre(n) mit höherem Rotanteil einsetzen. Lichtmenge (mit höherem Rotanteil) erhöhen.

**Problem**: Stängel geilen aus oder die Blattabstände sind sehr groß und die Blätter bleiben blass. Kümmerwuchs.
**Ursache**: Falsche Lichtfarbe (zuviel Rotanteil) oder zu geringe Lichtmenge. Weniger als 10 Stunden Beleuchtungsdauer. Zu wenig $CO_2$ oder fehlender Eisendünger (Tagesdünger). Oder zu hohe Temperaturen.
**Abhilfe**: Röhre(n) mit höherem Blauanteil einsetzten. Eisen testen. Fehlernährung abstellen (genügend $CO_2$ bieten). Wenn nötig, regelmäßiger Düngen. Richtige Temperatur einstellen.

**Problem**: Schwimmpflanzen wachsen nicht.
**Ursache**: Zu wenig Licht. Verschmutzte Deckscheibe, Tropfwasser. Abstand zwischen Deckscheibe und Blatt ist zu gering. Zu wenig Luftbewegung unter der Deckscheibe.
**Abhilfe**: Die genannten Punkte prüfen und beheben.

**Problem**: Der Bodengrund wird schwarz, evtl. steigen sogar Blasen auf, wenn man im Substrat stochert. Wurzeln und Stängel werden dunkel und faulen ab.
**Ursache**: Falsche Substratmischung oder -körnung. Zuviel organische Substanzen (Torf etc.).
**Abhilfe**: Substrat nach Empfehlung einbringen (S. 28).

**Problem**: Pflanzen wollen nicht so richtig wachsen, Blätter werden chlorotisch (hellgelb und glasig).
**Ursache**: Eisenmangel. Mit Eisentest überprüfen!

Extra

**Abhilfe**: Pflanzen regelmäßig mit eisenhaltigem Tagesdünger versorgen.

**Problem**: Pflanzenblätter werden gelb, nur die Nervatur bleibt grün.
**Ursache**: Manganmangel. Oft durch ausschließliche Eisendüngung hervorgerufen.
**Abhilfe**: Düngermarke wechseln und Tagesdünger mit pflanzenfreundlicher Zusammensetzung verwenden.

**Problem**: Blattschäden nach abgeschlossener Algenbehandlung.
**Ursache**: Überdosierung des Algenmittels.
**Abhilfe**: 2–3 Tage lang über Aktivkohle filtern. Danach einen Teilwasserwechsel vornehmen und nach Gebrauchsanweisung des Herstellers düngen.

## VORBEUGEN

Nach dem Motto „Vorbeugen ist besser als heilen" empfiehlt es sich, einen regelmäßigen Teilwasserwechsel vorzunehmen (S. 31) sowie gleichzeitig die Wasserwerte zu kontrollieren.
Von Vorteil ist es dabei, wenn man die Ausgangswerte des Leitungswassers mit dem Beckenwasser vergleichen kann. Dann fallen positive Veränderungen (sinkender Nitratgehalt), ein stabiler pH-Wert und optimale Sauerstoffwerte (über 4 mg/l) sofort auf.
Der tägliche Blick auf den pH-($CO_2$)-„Dauertest" kann zusätzliche Sicherheit geben.

## AQUARIENPASS

Maße/Wasserinhalt ______________ eingerichtet am ______________

Filtertyp ______________ Düngesystem ______________

Röhrentyp ______________ nächster Röhrenwechsel am ______________

1. Fischbesatz am ______________ Unser Zoofachhändler ______________

Arten ______________ ______________

| Wasserwert | Leitungswasser | Idealwert* | Datum | Datum | Datum |
|---|---|---|---|---|---|
| Temperatur | | 20 – 26 °C | | | |
| Karbonathärte KH | | 3 – 5° d | | | |
| Gesamthärte GH | | 6 – 10° d | | | |
| pH-Wert | | 6 – 7,2 | | | |
| Nitrit $NO_2$ | | 0 | | | |
| Nitrat $NO_3$ | | unter 40 mg/l | | | |
| Sauerstoff $O_2$ | | über 80% | | | |
| Eisen Fe | | 0,1 mg/l | | | |
| Phosphat $PO_4$ | | unter 0,1 mg/l | | | |
| Kohlensäure $CO_2$ | | 10 – 30 mg/l | | | |

* Mit den Ansprüchen der gewünschten oder gepflegten Fischarten abgleichen!